**4차
산업혁명에서
살아남기**

4차
산업혁명에서
살아남기

김대식

창비
Changbi Publishers

또 한권의 책을 내게 되었다. 우리는 왜 책을 쓰는 것일까? 키케로나 세네카 같은 고대 로마 저자들의 책을 들여다보면 언제나 비슷한 이유 때문이다. 본인은 정말 원하지 않았지만, 친구들의 부탁을 거절할 수 없어 졸작인 책을 어쩔 수 없이 출간하게 되었다고. 물론 다 새빨간 거짓말이다. 키케로는 본인의 책을 졸작이라고 생각해본 적도 없고, 싫다는 그의 등을 떠밀 만한 친구도 없었다.

1000면이 넘는 톨스토이의 소설이든, 바쁜 비즈니스맨을 위해 별다른 수고 없이 읽을 수 있게 만든 자기계발서든, 동서고금을 막론하고 사람이 책을 쓰는 이유는 언제나 똑같다. 내 머릿속에 있는 그 무언가를 글로 표현하지 않으면 안 되기 때문이다.

책을 쓰는 행위는 마치 뱀이 껍질을 벗는 것과 비슷하다. 그만큼 힘들고 혐오스럽다는 의미도 있겠지만, 가장 중요한 공통점은 바로 그 껍질을 벗지 않으면 정상적으로 살아갈 수 없다는 것이다.

그런데 여기에 재미있는 사실이 하나 더 있다. 그렇게도 소중했던 나의 껍질이었건만, 뱀의 허물이 땅에 떨어지는 순간 보잘것없어지듯 나의 생각들도 잘 정리된 책으로 출간되는 순간 언제나 부끄러움이, 자괴감이 나의 몫으로 남는다는 것이다.

인간은 절대 말하는 것같이 생각하지 않고, 생각하는 대로 말하지 않는다. 대중을 상대로 한 강연을 기반으로 이 책을 만들며 다시 한번 실감하게 된다. 내가 정말 저런 말을 했던가? 왜 나는 언제나 같은 이야기를 하는 것일까? 나아가 왜 나의 목소리는 내가 생각하던 목소리가 아니고, 나의 얼굴은 내가 기억하던 얼굴이 아닐까? 왜 나는 한번도 내가 알고 있는 내가 아닌 것일까?

이세돌과 함께 국민들을 긴장하고 절망하게 했던 알파고 덕분일까? 우리나라 사람들은 누구보다 인공지능과 4차 산업혁명에 대한 관심이 많다. 하지만 동시에 4차 산업혁명이 도래할 미래를 대비하여 아무런 준비도 하지 않는 나라 역시 대한민국이라는 아이러니가 있다.

인공지능 시대에는 정말 모든 직업이 사라질까? 터미네이터 같은 기계에 지배당하는 것이 인류의 미래일까? SF와 과학적 팩트의 경계는 어디일까? 짧은 이 책을, 아니, 나의 또 한겹의 껍질을 통해 이런 물음에 대한 내 생각들을 정리해본다.

2018년 9월

김대식

차례

4차
산업혁명에서
살아남기

오래된 욕망,
인공지능

안녕하세요. '지혜의 시대' 특강에서 뵙게 되어 반갑습니다. 많은 분들이 오신 것을 보니 확실히 인공지능과 4차 산업혁명에 대한 관심이 대단한 듯합니다. 오늘은 인공지능 시대와 우리의 미래, 또는 인공지능 시대 인간의 모습이라는 주제로 이야기를 해보려 합니다.

인공지능이라는 단어 자체는 그 어느 나라보다 한국에서 많은 토론이 진행되고 있지요. 심지어 일상 대화에서도 자주 거론될 정도로 인공지능은 어느새 우리에게 익숙한 존재가 되었습니다. 물론 이런 관심은 알파고 덕분이라고 봅니다.

최근 유럽 출장을 갔다 재미있는 경험을 했습니다. 우

리는 그렇게도 떠들고 걱정하는데, 제가 만난 유럽 사람들은 대부분 인공지능과 4차 산업혁명을 SF영화 내용으로만 받아들이고 있었습니다. 더욱 흥미로운 것은 기업, 정부, 법조계 차원에서는 이미 4차 산업혁명 시대를 위한 실질적 준비들이 이뤄지고 있다는 사실입니다. 말은 많지만, 여전히 아무런 준비도 하고 있지 않는 우리와 대조되는 모습이었습니다.

사실 인공지능에 대한 이미지나 두려움, 다양한 생각들은 이미 수십년 전부터 수많은 할리우드 영화를 통해 우리 머릿속에 새겨진 것입니다.

어떻게 보면 우리가 알고 있는 지식이 좋을 수도 나쁠 수도 있겠지요. 인공지능이라는 개념 자체는 사람들 대부분이 어느정도 알고 있습니다. 다만 외려 지금 실현 가능한 인공지능보다 우리가 상상하는 인공지능이 훨씬 앞서가서 느끼는 두려움도 있는 듯합니다. 그렇다고 우리가 상상하는 인공지능과 지금 가능한 인공지능 사이에 차이가 크니 기술의 폐해를 걱정하지 않아도 괜찮을까요? 그렇지 않겠지요. 바로 이 점이 딜레마입니다.

여러 관점에서 인공지능은 다른 기술들과 많이 다를 것 같습니다. 누군가 최첨단 전자레인지를 개발한다고 해서 인류의 미래에 큰 변화가 있을 것 같지는 않지요. 그에 비해 인공지능은 우리의 상상대로 만들어진다면 충분히 인류의 역사를 흔들 만한 영향을 미칠 듯합니다. 그 때문에 우리가 인공지능이라는 주제에 좀더 조심스럽게 접근하는 것이겠지요.

우리는 여러 질문을 던져볼 수 있습니다. 인공지능 기술이 어디까지 왔는가? 이렇게 계속 발전한다면 어디까지 갈 수 있을까? 인공지능은 나의 삶과 나아가 호모 사피엔스, 즉 인류의 삶에 어떤 영향을 미칠까? 막연한 두려움에서 벗어나 이런 질문들을 던지고 고민해보는 일이 필요합니다. 그래서 오늘 이런 질문에 대한 답을 모색해보려합니다.

인공지능 또는 로봇이라는 개념은 오래된 것입니다. 서구문명의 대부분이 그리스 로마 신화를 기원으로 하듯

인공지능이 우리의 상상대로 만들어진다면
충분히 인류의 역사를 흔들 만한 영향을 미칠 듯합니다.

이, 인공지능의 개념도 그리스 로마 신화에서 그 뿌리를 찾을 수 있지요.

고대 그리스 신화에 의하면 올림포스산에는 제우스, 헤라, 아테나 등 다양한 신들이 있었습니다. 우리가 보면 신들의 삶은 퍽 재미있었을 것 같습니다. 하늘을 날고, 연애도 하고, 막강한 힘이 있고, 불사신이지 않습니까? 그런데 그중에서도 그다지 행복하지 않았던 신이 있었습니다. 바로 대장장이의 신 헤파이스토스였습니다. 오늘로 따지면 엔지니어의 신이라고 할 수 있겠지요. 헤파이스토스는 매우 바빴습니다. 올림포스의 신들은 모두 자기만의 도구를 가지고 있지 않았습니까? 헤르메스에게는 날개 달린 신발이 있었고, 포세이돈에게는 창이 있었지요. 그런 도구들을 만든 신이 헤파이스토스입니다. 도구를 만들고 수리도 해줘야 하니 바쁠 수밖에요. 헤파이스토스는 다른 신들이 재미있게 사는 와중에 자기만 종일 일하는 데 불만이 있었습니다. 그러다 어느날 깨달았지요. '잠깐, 나는 모든 것을 만들 수 있지 않은가?' 그래서 헤파이스토스는 자신을 대신하여 일하는 노예 기계를 만들어냈습니다.

이 신화에서 우리는 인공지능을 향한 아주 원초적인 욕망을 확인할 수 있습니다. '내가 해야 하는 일인데 누군가에게 떠넘길 수는 없을까?' 하는 것이지요. 수천년이 지난 오늘날 우리 역시 헤파이스토스와 비슷한 욕망을 품고 있습니다. 이런 욕망은 인류 역사 내내 있었다고 해도 지나치지 않을 것입니다.

비교적 가까운 과거에도 인공지능과 관련된 일이 있었습니다. 18세기 말 당시 합스부르크 왕조의 수도였던 빈에 '기계 터키인'이 등장했습니다. 이름 그대로 터키인의 모습을 한 기계 인형인데, 재미있게도 체스를 둘 줄 아는 기계 인형이었지요. 당시 사람들에게 얼마나 신기했겠습니까? 체스 고수라고 이름난 사람들이 기계 터키인과 대결했습니다. 결과는? 체스 고수들이 연거푸 패했고, 빈에서는 난리가 났지요. 이 일을 보면 이세돌 9단과 알파고의 대결이 대단히 새로운 사건도 아닙니다.

이쯤에서 질문이 떠오릅니다. 왜 기계 인형이 하필 터

키인의 모습을 했을까요? 당시 터키 지역에는 오스만제국이라는 대국이 있었습니다. 17세기에 오스만제국은 유럽을 침공해 빈을 점령할 뻔했습니다. 오스만제국이 말그대로 거의 성문 앞까지 왔는데, 합스부르크 왕조를 중심으로 한 기독교 연합 세력에 패해서 본거지로 돌아갔지요. 결국 패했지만 오스만제국은 유럽에 굉장히 강한 인상을 남겼습니다. 빈을 포함한 유럽에서는 꽤 오랫동안 오스만제국을 강하면서도 이질적이고, 그렇기에 어딘가 신비롭고 두려운 존재로 인식했지요. 마치 오늘날 실리콘 밸리가 그렇듯 말입니다. 그런 인식이 기계 터키인에도 반영되었을 것입니다. 오스만제국 사람의 모습을 한 기계 인형이 체스 고수라니, 얼마나 신비로우면서도 섬뜩합니까.

하지만 이 이야기는 허무한 결말을 맞습니다. 기계 터키인은 몇십년이나 빈에서 체스 고수들을 이겼는데, 알고 보니 기계 터키인을 조종하는 사람이 숨어 있었던 것입니다. 허탈한 반전이지만 인공지능을 논하는 데 중요한 요

소피아가 질문에 답한 것은 사실이지만 사람처럼 대화한다는 말은 사기에 가깝습니다.

소가 담겨 있기도 합니다. 인공지능의 역사는 이처럼 항상 사기의 성격이 짙었다는 점입니다.

최근에도 비슷한 일이 있었지요. 소피아라는 로봇이 있습니다. 홍콩에 본사가 있는 핸슨 로보틱스에서 제작한 로봇인데, 사람 피부와 유사한 소재로 얼굴을 만들어 감정에 따라 표정을 짓고 사람과 대화도 가능하다고 화제가 되었지요. 우리나라에 오기도 했는데 당시 한복을 입은 소피아가 인터뷰를 유창하게 해서 많은 사람들이 깜짝 놀랐습니다. 그런데 엄격히 따져서 소피아가 진짜 대화를 하느냐면, 아닙니다. 사람의 언어를 이해해서 대답하기보다는 미리 훈련된, 인간이 미리 준비한 대본을 바탕으로 대답했기 때문입니다. 우리나라에서 진행한 인터뷰도 미리 연습을 했던 것으로 알고 있습니다. 소피아가 질문에 답하는 것 자체는 사실이지만 사람처럼 대화한다는 말은 사기에 가깝습니다.

다시 시계를 되돌려보겠습니다. 1920년 카렐 차페크라는 구 체코슬로바키아 작가의 희곡에 '로봇'이라는 단어가 처음 등장합니다. 희곡의 제목은 『로숨의 유니버설 로봇』(*Rossumovi Univerzální Roboti*)으로 우리나라에도 번역 출간되었지요. 로봇은 체코어로 노동을 뜻하는 단어 '로보타'(robota)에서 비롯되었습니다. 그러니 원제를 직역하면 대략 '로숨이 만든 보편적인 노동자'라는 뜻이겠습니다. 사실 로봇이라는 단어를 처음 떠올린 사람은 카렐 차페크의 형이라고 하지요.

이 희곡에서 인류는 로봇을 만들어 노동을 비롯해 전쟁까지 맡기고 있습니다. 로봇 공장의 사장은 인류를 노동에서 해방하는 것이 자신의 목표라고 큰소리치지요. 하지만 점점 발전하여 두뇌가 개선된 노동자 로봇은 나태해진 인류에 반란을 일으키고 인류는 멸망해버립니다. 약 100년 전에 쓰인 이야기임에도 지금의 소설이나 영화와 줄거리가 크게 다르지 않습니다.

이 희극에서 인공지능의 세번째 요소를 찾을 수 있습니다. 다시 정리하면 첫번째 요소는 인간이 필요하지만 하기 싫은 일을 떠넘기고 싶은 욕망이 인공지능에 투여된다는 것입니다. 두번째 요소는 사기성, 즉 사람이 인공지능에 원하는 요소인 감정이나 공감능력 등을 거짓으로 꾸며내곤 한다는 것이지요. 그리고 차페크의 희곡에서도 드러나는 세번째 요소는 인공지능이 등장하면 어쩌지 하는 두려움이 있다는 것입니다.

인공지능의 역사를 돌아보면, 인류는 늘 인공지능에 대해 상반되는 생각을 품었던 것 같습니다. 인공지능이 만들어지면 좋겠다, 그런데 인공지능이 정말 괜찮을까, 이렇게 생각하는 것이지요. 이런 생각은 어제오늘 싹튼 것이 아니라 인공지능의 개념이 정립되기 전부터 이어진 것입니다.

모라벡의
역설

과거 이야기를 했으니 이제 좀더 최근으로 와보겠습니다. 2015년 미국에서 다파 로보틱스 챌린지(DARPA Robotics Challenge, DRC)라는 로봇 경진대회가 열렸습니다. 다파는 미 국방부 산하 방위고등연구계획국(Defense Advanced Research Projects Agency)을 가리킵니다. 인터넷을 만든 기관으로도 알려져 있지요. 그 기관에서 전세계 최고의 로봇 연구실들을 초대해서 경진대회를 열었습니다.

카이스트에서 만든 휴보가 바로 이 대회에서 우승해 꽤 화제가 되었지요. 미국 국방부에서 주최한 세계대회이니 참가한 로봇들 성능이 대단했을 것 같지 않습니까? 하지만 당시 대회 동영상을 찾아보면 로봇들 성능이 기대

이하라 헛웃음이 나올지도 모릅니다. 걷다가 넘어지고 문을 열다가 넘어지고 하는데, 지금 당장 터미네이터가 만들어져서 우리를 쫓아온다고 해도 전혀 걱정할 필요가 없습니다. 우리가 문을 닫든지 계단을 오르면 절대 쫓아오지 못하니까요. 불과 2, 3년 전에 그랬고 지금도 크게 발전하지는 못했습니다. 영화에서 보던 로봇이 실제로 등장하려면 아직도 갈 길이 한참 남았지요.

인간이 만든 로봇에 비해 자연이 만든 생명은 정말 경이롭습니다. 로봇을 만들다보면 자연의 힘을 정말 뼈저리게 느끼지요. 알프스산맥에 사는 산양은 90도에 가까운 절벽에서 떨어지지 않고 네발로 올라갑니다. 영상으로 본 적이 있는데 떨어질 듯하면서도 끝끝내 오르는 모습에 전율을 느꼈지요. 또 공학자로서 희망을 찾을 수도 있었습니다. 인간이 만든 로봇은 아직 평지도 제대로 걷지 못하지만 언젠가는 알프스산맥의 산양처럼 움직일 수 있지 않을까, 어떻게 하는지는 이해하지 못하지만 자연의 섭리에 벗어나는 불가능한 일은 아니겠구나 하는 희망을 얻습니다.

종종 이런 질문을 받고는 합니다. 아니, 왜 사람이나 동물에게는 간단한 걷기조차 로봇은 하지 못하는 겁니까 하는 질문이지요. 이에 관해 설명하는 개념 중 모라벡의 역설이라는 것이 있습니다. 미국의 로봇공학자인 한스 모라벡이 1970년대에 "어려운 일은 쉽고, 쉬운 일은 어렵다"라고 했습니다. 이 선문답 같은 말은 대체 무슨 뜻일까요?

예를 들어 걷기, 강아지와 고양이 구별하기 등은 우리 인간에게 터무니없이 쉽습니다. 세살짜리 어린아이도 해낼 수 있는 일이지요. 그런데 이런 간단한 행동을 전세계에서 가장 뛰어난 컴퓨터가 불과 몇년 전까지도 할 수 없었습니다. 그에 비해 미분방정식은 어떻습니까? 컴퓨터가 수초 만에 풀어내는 문제를 사람은 몇시간을 머리를 싸매고 있어도 풀지 못할 때가 많습니다. 저는 할 줄 모릅니다. 컴퓨터가 다 풀어주니 잊어버렸지요.

모라벡의 역설을 풀어서 설명하면 '인간에게 어려운 일은 기계한테 쉽고, 기계한테 어려운 일은 인간에게 쉽다'는 것입니다. 왜 그럴까요? 일단 우리는 지능에 대한 한가지 가설을 세워볼 수 있습니다. 즉 인간의 지능과 기계의 지능이란 좀 다를지 모르겠다 하는 가설이지요.

도대체 인공지능은 왜 인간에게 쉬운 일을 어려워할까요? 우리 앞에 다양한 강아지 사진이 놓여 있다고 가정해보지요. 무슨 동물이냐 물으면 손쉽게 강아지라고 답할 것입니다. 왜냐고 물어보면 "뭐, 강아지처럼 생겼으니까"라고 답하겠지요. 강아지가 무엇인지 강아지를 잘 모르는 사람에게 구체적으로 설명해보라고 하면 말문이 막힙니다. 막상 강아지의 정의를 설명하려니 막연한 것이지요. 이런 문제가 컴퓨터에도 똑같이 적용됩니다. 즉 컴퓨터가 강아지를 인식하기 위해서는 먼저 누군가 컴퓨터에 강아지란 무엇인지 설명해줘야 하는데, 그 설명이 어려운 것입니다.

제가 학부 시절에 수천줄짜리 컴퓨터 코드로 강아지란 무엇인지 설명하려고 시도한 적이 있습니다. 다양한 컴퓨터 언어를 사용해서 강아지는 동물이고, 다리가 네개

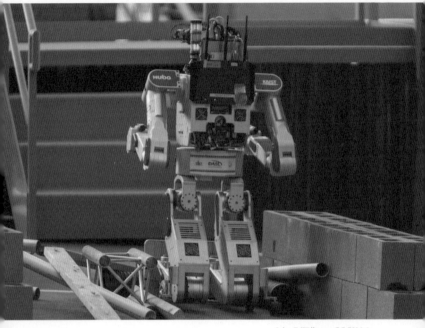

모라벡의 역설이란 '인간에게 어려운 일은 기계한테 쉽고,
기계한테 어려운 일은 인간에게 쉽다'는 것을 뜻합니다.

고, 귀가 두개고 등을 설명했지요. 물론 그에 앞서 네개가 무슨 개념인지부터 설명해야 하지만, 너무 복잡하니 지금은 넘어가지요. 대강 이런 식으로 강아지의 정의를 설명했습니다.

여기서 대두되는 문제가 고양이도 동물이고, 다리가 네개고, 귀가 두개라는 것입니다. 그러면 강아지를 위한 설명이 더 필요하겠지요. 털 길이, 털색, 눈동자의 색, 짖는 소리 등 수천가지에 이르는 설명이 추가되었습니다. 비로소 컴퓨터가 이 강아지를 아주 잘 알아봤는데, 또다른 문제가 생겼습니다. 아주 자세히 설명한 특정 강아지를 제외하면 다른 강아지는 알아보지 못한다는 것이었지요. 아니, 제가 그렇게 노력해 정의한 강아지가 눕기만 해도 컴퓨터는 더이상 알아보지 못했습니다.

이 일화에서 알 수 있는 근본적인 문제는 무엇일까요? 우리가 기계에 세상을 보편적으로 설명하면, 내가 원하지 않는 다른 것이 섞이고, 혼돈되기 시작한다는 것입니다. 그리고 구체적으로 설명하면 할수록 기계는 내가 원하는 것들을 알아보지 못합니다. 보편성과 구체성은 역의 관계이기 때문에 두 성질을 동시에 만족할 수는 없습니다. 논리적으로 그렇지요. 그런데 인간은 실은 풀 수 없는 문제임에도 해결할 수 있다고 생각합니다.

인공지능이라는 단어 자체는 1950년대에 처음 등장했습니다. 그리고 지금까지 그 기술을 구현하는 데 실패해왔지요. 한마디로 우리는 70여년간 기계에게 세상을 설명하려고 노력했던 것입니다. 언어, 기호, 수학 등 언어를 사용해서 설명하려 했지요. 실패의 역사를 겪고 최근 들어서야 세상을 언어 또는 기호로 완벽하게 설명할 수 없다는 사실을 깨달았습니다.

사실 하나도 신기한 깨달음은 아닙니다. 2+2는 얼마냐고 물으면 다들 답할 수 있고 이유도 설명할 수 있습니다. 덧셈이라는 규칙, 나아가 수학은 언어로 표현되기 때문이지요. 그래서 수학은 우리가 기계에 설명할 수 있고 기계도 이해할 수 있습니다. 하지만 앞으로 걷고, 어떻게 걸었는지 정확히 설명해보라고 하면 제대로 답하는 사람이 없습니다. 그냥 되는 일이기 때문이지요. 내 다리에 있는 근육과 힘줄이 어떻게 운동하는지 균형은 어떻게 잡는지 뇌에서 그 운동을 어떻게 명령하는지 등을 설명할 수 없는 것입니다. 아직도 제대로 걷는 로봇을 만들어내지 못하는 이유입니다.

최근 뇌과학에서는 언어의 해상도가 생각의 해상도보다 훨씬 낮다는 점을 알기 시작했습니다. 우리 머릿속은 다양한 세상을 받아들이고 기억하고 떠올리는데, 언어로 표현되는 순간 해상도가 낮아집니다. 또 그 과정을 뒤집어서 동일한 단어를 사용해 표현해도 사람마다 똑같은 것을 생각하지는 않지요. 내가 아무리 어휘를 풍부하게 구사해서 자유, 빨간색, 사과를 설명해도 타인이 생각하는 자유, 빨간색, 사과와는 다를 수 있습니다.

언어의 해상도는 왜 이렇게 낮을까요? 그 이유에 대해서는 리처드 도킨스의 유명한 확장된 피노타이프(phenotype, 표현형) 이론이 어느정도 해명해줍니다. 리처드 도킨스는 유전자가 자신의 복제본을 더 많이 퍼뜨리기 위해 자신이 포함된 유기체 외에 다른 개체들까지도 운반자로 만들어버린다고 주장했습니다. 유전자의 복제가 자신이 속한 유기체 너머로 '확장되어' 전세계에 자신의 '표현형'을 발현한다는 것이지요. 이 이론을 언어에 적용하면, 언어란 내 머릿속의 정보를 100퍼센트 타인에게 전달하기 위한 도구가 아닙니다. 그보다 언어의 핵심은 내가 원하는 것을 타인이 대신하도록 제어하는 도구라고 할 수 있지요.

예컨대 지금 내 몸을 제어한다면 할 수 있는 일이 정해져 있습니다. 내 몸의 한계란 팔의 길이와 관련 있는데, 쉽게 말해 바로 옆에 있는 물병은 잡을 수 있지만 저 멀리 떨어진 물병은 잡을 수 없다는 뜻입니다. 그렇지만 언어라는 도구가 생기는 순간 "저 물 좀 갖다 주세요"라고 하면 물병을 손에 넣을 수 있습니다. 물병을 얻기 위해 언어를 이용해서 타인을 제어하는 것이지요.

이런 관점에서 언어는 내 생각을 정확히 그려주고 표현하는 붓이 아닌, 단지 세상을 제어하기 위한 한정된 표현만을 허락하는 텔레비전 리모컨과 비슷하다고 생각할 수 있습니다. 리모컨으로 멀리 떨어진 텔레비전을 제어하듯이 언어는 몸을 쓰지 않고도 원하는 일이 이뤄지도록 세상을 제어하는 도구인 셈이지요. 그런데 리모컨의 버튼은 몇개나 됩니까? 아주 많아도 몇십개를 넘지 않지요? 내 의도는 세밀하게 따지면 수천가지가 넘을 텐데, 텔레비전에 전달하는 방식은 불과 얼마 되지 않는 것입니다. 그것만으로도 충분히 의도를 전달할 수 있기 때문이지요. 예를 들어 5명이 동시에 텔레비전 채널을 바꾼다면 그 이면에는 '이 채널은 심심하다' '예능을 보고 싶다' '아무것도 할 일이 없다' 등 갖가지 의도들이 있겠지만 결국은 모든 의도가 '채널을 바꾼다'는 형식으로 연결이 됩니다.

즉 내 의도의 해상도가 아주 높다 해도 그것을 전달하는 수단의 해상도까지 높을 필요는 없다는 말입니다. 이것은 언어에도 똑같이 적용됩니다. 언어는 리모컨처럼 내 주변의 세상을 제어하는 도구라고 하지 않았습니까? 그러니까 생각의 해상도는 아주 높지만 언어로 이뤄지는 표

최근 뇌과학에서는 언어의 해상도가
생각의 해상도보다 훨씬 낮다는 점을 알기 시작했습니다.

현의 해상도는 낮을 수밖에 없습니다.

인공지능을 개발하면서 저지른 가장 큰 실수는 생각의 해상도와 언어의 해상도가 똑같다고 착각한 것입니다. 사람의 생각은 모두 언어로 표현할 수 있고, 언어로 표현하면 기계에 설명할 수 있다고 생각했는데 절대 그렇지 않았습니다.

최근 데이터에 따르면 현재 이 세상에 있는 정보의 용량은 제타바이트 수준이라고 합니다. 1제타바이트는 1조 1000억 기가바이트입니다. 어마어마한 정보인데, 그중에서 정량화되고 체계적으로 잘 짜인 정보는 10퍼센트 정도라고 하지요. 나머지 90퍼센트는 완벽히 표현할 수 없는 정보라는 말입니다. 그러니 언어로 기계에 세상을 가르치겠다는 발상은 어불성설이겠습니다.

딥러닝으로
뇌를 모방하다

지난 5년 동안 인공지능 분야에서는 새로운 시도들이 이뤄지고 있습니다. 좀 솔직해졌다고도 볼 수 있지요. 규칙을 통해 세상을 기계에게 설명하는, 즉 '룰(rule) 기반' 방법들로는 인공지능을 만드는 데 실패만 거듭해왔으니 이제는 되는대로 해보자는 것입니다.

다시 근본적인 질문으로 돌아갔습니다. 이 세상에 지능이란 존재할까? 존재한다면 어디에 있을까? 지능은 우리 안에 분명히 존재합니다. 우리가 곧 지능의 증거이고, 그 때문에 지능이 존재한다는 사실은 부정할 수 없지요. 다만 지능이 어떻게 작동하는지는 모릅니다. 수천년 동안 지능의 원리를 알아내려 했지만 결국 실패했지요. 그래서 지금은 다소 겸손해져서 일단 우리가 알고 있는 지능을 모방해보려 하고 있습니다. 정확히 이해하지는 못해도 따라할 수는 있지요. 공학자들은 이런 방식을 보통 역공학(reverse engineering)이라고도 부릅니다.

우리가 아는 지능이란 결국 뇌를 가리키지요? 그렇다면 인간의 뇌가 주어진 문제를 어떻게 풀어내는지 해석하면 기계가 모방하도록 할 수 있지 않을까 하는 희망을 품어볼 수 있겠습니다. 우선 뇌가 물체를 어떻게 인식하는지 알아보지요.

지난 수십년간 이뤄진 뇌과학 연구결과에 따르면 뇌는 세상을 논리적 규칙에 기반하여 분석하기보다는 경험한 데이터를 바탕으로 학습한다고 알려져 있습니다. 여기서 특히 계층적 구조의 신경망이 사용됩니다. 신경망의 아래층, 다시 말해 눈을 통해 가장 먼저 정보를 받는 시각겉질 신경세포들은 사물에서 가장 단순한 특징들에 반응합니다. 예를 들어 특정 각도를 가진 선이 시야에 등장하면 이 신경세포들은 전기적 신호를 만들어냅니다. 왜 하필 선일까요? 선들을 합쳐 물체의 윤곽을 표현할 수 있기 때문이겠지요. 선에 반응하는 여러 신경세포들은 그다음 층 신경세포에 정보를 전달합니다. 이 두번째 층 신경세포들은 삼각형, 사각형 같은 좀더 복잡한 특징을 좋아하지요. 이들 역시 분석된 정보를 한층 더 상위 신경세포들에 전달합니다. 이런 식으로 계속 반복하면 가장 상위 계층 신경세포들은 개, 고양이, 얼굴 같은 물체 그 자체를 알아보기 시작합니다.

어떻게 보면 뇌는, 그중에서 적어도 시각 겉질은 대기업 같은 구조를 가졌다고 볼 수 있겠습니다. 10층 정도 되는 건물의 1층엔 신입사원, 5층엔 중간임원, 그리고 맨 위층엔 사장의 사무실이 있다고 상상해봅시다. 신입사원들은 아직 경험이 없다보니 본인 책상에 놓여 있는 서류를 통해 비교적 단순한 정보를 인식하고 처리합니다. 단, 실무와 가장 밀접한 정보를 처리한다는 장점이 있겠지요. 여러 신입사원들의 보고서가 합쳐져 부장의 책상이 도착하고, 부장은 보고서에 대한 보고서를 작성합니다. 이런 식으로 계속 반복하면, 결국 사장에게 가장 고차원적인 보고서가 전달되겠지요.

여기서 핵심이 대두됩니다. 사장이 가장 고차원적인 보고서를 보듯이, 계층적 구조를 가진 뇌에서 가장 상위층은 세상을 보편적으로 보는 시야를 가지지만 상세하게 파악하지는 못합니다. 그에 비해 가장 하위층은 신입사원이 실무에 능하듯이 상세한 정보를 파악할 줄 알지만 그 대신 시야가 좁습니다.

알파고가 이세돌 9단과 바둑 승부를 벌인 후에 딥러닝이라는 말이 화제가 되었지요. 딥러닝은 최근에 인공지능 분야에서 인간의 뇌를 모방하기 위해 만든 방법입니다. 엄밀히 말하면 뇌를 모방했다기보다는 앞서 설명한 시각 겉질의 계층적 구조에서 힌트를 얻었다고 해야 합니다. 딥러닝에서는 고양이의 정의 같은 것은 중요하지 않습니다. 단지 수천만장의 고양이 사진을 학습 데이터로 사용하지요. 고양이 사진들을 바탕으로 기계에 인간의 뇌를 모방한 인공신경망을 10층 정도 만듭니다. 인간의 뇌가

딥러닝에서는 고양이의 정의 같은 것은 중요하지 않습니다.
단지 수많은 고양이 사진을 학습 데이터로 사용하지요.

학습하는 방법을 기계가 따라하도록 유도하는 것이지요.

그렇다면 어떻게 학습할까요? 자세한 과정은 다소 복잡하지만 사실 개념은 매우 간단합니다. 일단 처음에는 인공신경망 계층들의 연결고리값들을 무작위로 정합니다. 그래서 처음에는 기계에 고양이 사진을 보여줘도 도무지 뭔지 알지 못합니다. 고양이를 보여줬는데 '이양고'라고 답하는 식이지요. 여기서 기계가 틀린 순간이 중요한데, 바로잡아줘야 합니다. 아니야, 정답은 고양이야 하고 알려주는 것이지요. 다시 말해 딥러닝의 핵심은 정답이 포함된 데이터가 필요하다는 것입니다. 이런 데이터를 '레이블이 있는 데이터'(labeled data)라고도 부릅니다.

우리가 보통 구글이나 페이스북이 현재 가장 많은 데이터를 보유하고 있다고 하지만, 사실 그렇지 않습니다. 데이터 그 자체는 원하기만 하면 누구나 인터넷에서 마구잡이로 가져올 수 있습니다. 다만 핵심은 구글과 페이스북이 누구보다도 레이블이 있는 데이터를 많이 가지고 있다는 점입니다. 그렇다면 그들은 어떻게 레이블이 있는 데이터를 가지게 되었을까요? 바로 우리가 넘겨준 것입니다. 인터넷 검색과 SNS를 사용하며 우리가 고양이 사진에 '고양이'라고 레이블을 붙여주었기에 딥러닝 학습에 필요한 정답을 가지게 된 것이지요.

다시 학습법으로 돌아오겠습니다. 최근 인공지능 분야에서 가장 많이 사용되는 학습법을 전문용어로는 백 프로퍼게이션(back propagation)이라고 합니다. 우리말로 번역하면 역전파법 정도가 되겠지요. 이 방법은 쉽게 말해 선생님이 알려준 정답에서 기계가 잘못 찾아낸 오답을 빼면서, 즉 앞선 예라면 '고양이'에서 '이양고'를 빼면서 오차를 줄이는 방향으로 신경망 연결고리값을 조정하는 것입니다. 계속 조정해서 오차가 거의 없어질 때까지 반복해야 하는데, 한두번으로는 당연히 부족하고 몇천만번을 되풀이해야 합니다. 컴퓨터가 빠르기에 가능한 일이지요. 이런 과정을 컨버전스(convergence)라고 하는데, 컨버전스를 계속하면 기계에 어떤 고양이 사진을 보여줘도 제대로 고양이라고 인식합니다. 다만 그렇다 해도 기계가 고양이의 정의를 알고 있지는 않지요.

이런 학습법을 좀더 공학적으로 분석해보면 다음처럼 설명할 수 있습니다. 지난 수십년 동안 우리가 시도했던 방법은 특징공학 또는 피처 엔지니어링(feature engineering)이라고 할 수 있습니다. 기계가 특정한 대상을 인식하게 하기 위해 그 대상의 특징들을 설명해줬지요. 가령 기계에 자전거의 바퀴가 몇개인지 손잡이가 어떤 모양인지 브레이크는 어디에 달려 있는지 등을 세세히 설명하면 기계가 자전거를 인식하리라고 기대했습니다. 수학적으로 접근한 것이지요. 그런데 이런 방법으로는 기계가 특정 제품만 알아볼 수 있습니다. 자전거만 해도 브랜드에 따라 각양각색이지 않습니까? 그런 다양한 형상에 대한 인식은 기계가 해내지 못했습니다. 심지어 같은 자전거의 사진도 각도가 10도만 틀어지면 기계가 알아보지 못했지요. 그런 차이점을 설명하려 해도 우리 언어로는 해낼 수 없습니다.

최근 들어 사용하는 딥러닝은 레프리젠테이션 러닝

(representation learning), 즉 표현학습이라는 방법입니다. 수많은 자전거의 사진을 기계에 보여주면서 오답을 바로잡으면 인공신경망의 각 계층들에서 오차를 줄이기 위해 자전거의 특징을 스스로 표현합니다. 다시 말해 과거의 룰 기반 인공지능은 규칙을 입력해 데이터를 얻었다면, 최근 딥러닝은 데이터를 입력해 규칙을 얻어냅니다.

인공신경망의 각 계층에서 벌어지는 일을 지켜보면 아주 재미있습니다. 사물과 가장 가까운 제일 아래층에서는 물체의 어떤 특징을 표현했을까요? 선이었습니다. 생각해보면 당연합니다. 모든 물체를 가장 단순하게 표현하면 선일 테지요.

가장 낮은 차원에서 자전거를 선으로 표현한다고 했는데, 그렇다면 다른 차원에서는 어떤 표현들이 있을까요? 그리고 그 표현들을 기계가 어떻게 학습할까요? 인공신경망의 계층에서 표현하는 것들을 보면 이게 뭐야 하는 말이 절로 나옵니다. 이상한 꽈배기에 상형문자 같은 것들도 있지요. 통계학에서는 분명히 의미가 있을지도 모르겠지만, 적어도 우리에게는 인공신경망의 표현들을 가리킬 단어가 없습니다.

이 대목에서 앞서 말한 내용을 떠올려보지요. 인간의 언어로 표현할 수 있는 정보는 약 10퍼센트밖에 되지 않는다고 했지요? 이 말은 곧 우리의 언어로 나타낼 수 있는 자전거의 특징이 10퍼센트에 불과하다는 뜻이기도 합니다. 딥러닝을 거친 인공신경망이 나타낸 자전거의 특징들을 보니 언어의 한계를 더욱 절감하게 되었지요. 오랫동안 인공지능이 실패할 수밖에 없었던 이유도 언어로 표현할 수 있는 10퍼센트에 매달렸기 때문입니다. 지금은 다릅니다. 기계가 언어로 표현할 수 없는 정보들까지 다루게 되었지요.

언어로 전달할 수 없는 표현들이 신경망의 계층마다 쌓이면 비로소 가장 높은 차원에서는 자전거라는 추상적인 개념을 만들어냅니다. 아무리 디자인이 다른 자전거를 보여줘도 기계는 자전거라고 답할 수 있지요.

표현학습을 이용한 딥러닝은 정체되어 있던 인공지

능에 혁신을 가져왔습니다. 여러분도 알다시피 딥러닝이 적용된 알파고는 그간 인간의 영역이라 여기던 바둑에서 이세돌 9단을 꺾었지요. 워낙 인상적인 일이었지만 사실 딥러닝으로 학습한 기계와 인간의 대결은 그간 계속 여러 영역에서 벌어져왔습니다.

예를 들어 얼굴 인식을 두고 기계와 사람이 겨룬 적이 있습니다. 사람은 97.54퍼센트로 얼굴을 인식한다고 합니다. 중국의 IT 기업 텐센트에서 만든 인공지능 소프트웨어는 현재 99.56퍼센트의 정확도로 사람의 얼굴을 알아볼 수 있습니다. 놀랍지 않습니까? 기계가 사람보다 사람을 더 잘 알아보는 것입니다. 최근 다양한 기계들에 얼굴 인식을 이용한 기능들이 적용되었지요? 이런 기술들이 바탕이 된 것입니다.

재미있는 사실은 인공지능이 한 사람의 다양한 얼굴을 모두 동일한 인물이라고 인식한다는 점입니다. 사람은 나이가 들며 머리 모양이 달라지기도 하고 살이 찌기도 하고 주름이 늘어나기도 하는데, 이처럼 나이에 따라 외

표현학습을 이용한 딥러닝은 정체되어 있던 인공지능에 혁신을 가져왔습니다.

모가 확연히 변한 사람의 사진을 보여줘도 인공지능은 동일한 인물이라고 인식합니다. 심지어 성형수술 전후의 사진을 보여줘도 동일한 사람이라고 인식한다고 하니 나중에는 공항의 출입국심사에도 인공지능이 유용하게 쓰일 듯합니다.

구글에서는 이와 다른 기술을 시도해봤습니다. 기계에 사진을 보여주고 어디서 촬영한 사진인지 맞춰보게 하는 것이었지요. 에펠탑이나 타지마할 등 특징이 뚜렷한 랜드마크가 있는 사진은 기계가 알아봐도 그리 놀랍지 않습니다. 하지만 구글의 기술은 어느 나라의 그리 유명하지 않은 호수의 사진을 보여줘도 그 장소를 정확히 특정해냅니다. 놀랍지 않습니까? 인터넷에 있는 수만, 수십만의 사진들로 전세계 각지의 풍경을 기계가 학습한 것입니다.

결론을 말하자면, 딥러닝을 이용한 덕에 이제는 기계가 세상을 알아보게 되었습니다. 이것은 사람이고 저것은 자전거다 하는 구분을 기계가 스스로 하게 되었지요. 대단하지 않은 성과라고 여길지도 모르지만 그렇지 않습니다. 헤파이스토스가 품었던 꿈, 인간을 대신해서 일해주는 기계의 첫 단계에 들어선 셈입니다. 일을 하려면 우선 세상을 알아야 하기 때문이지요. 딥러닝 알고리즘이 수학적으로 정의되고 불과 4~5년 만에 지난 수십년 동안 풀지 못했던 문제들이 해결되었습니다. 그 때문에 우리가 오늘날 인공지능에 대한 희망과 두려움을 이야기하고 있는 것이겠지요.

독일에서 인공지능의 또다른 가능성을 보여준 재미있는 실험을 한 적이 있습니다. 딥러닝을 통해서 기계가 학습했던 과정은 앞서 설명한 것과 비슷합니다. 무수히 많은 강아지들을 보여주면서 기계가 오답을 낼 때마다 바로잡으면 결국 강아지와 고양이를 구별하게 되지요. 독일에서는 이런 학습법을 예술에 적용해봤습니다. 즉 특정 화가의 그림들을 기계에 보여준 것입니다. 그랬더니 기계가 고흐, 뭉크, 터너 등의 작품을 구별할 줄 알게 되었습니다. 여기까지는 그리 특별하지 않습니다. 강아지를 구별하는 것과 수식 자체는 똑같기 때문이지요.

독일의 실험이 재미있는 것은 학습에서 한발 나아갔기 때문입니다. 기계에 현실의 풍경 사진을 보여주고 앞선 과정을 거꾸로 돌려서 이 사진을 특정 화가의 그림처럼 변환해보라고 유도했지요. 화가의 특징을 알아보는 기계가 그 특징을 구현할 수 있는지 시도한 것입니다. 그랬더니 기계가 제법 화가들의 작품과 유사한 결과물을 냈습니다. 고흐가 생전 한번도 가본 적 없는 도시의 풍경이 고흐의 화풍으로 그려졌지요.

기계가 동물을 구별하고 화풍을 인식하게 되었지만, 여전히 그것들의 정의를 명확하게 알고 있지는 않습니다. 인간도 마찬가지지요. 우리는 고흐의 작품을 언어로 설명할 수 있지만 어렴풋하게 알고 있을 뿐입니다. 그러니 어떤 점에서는 인공지능이 인간과 더욱 가까워진 셈입니다. 더군다나 모든 과정이 컴퓨터에서 진행되기 때문에 현실에서는 불가능한 실험도 해볼 수 있습니다. 앞서 사진을 특정 화가의 그림처럼 변환해보았다고 했지요? 마찬가지로 동영상도 바꿔볼 수 있습니다. 중국의 풍경을 촬영한 동영상을 인공지능이 동양화처럼 바꾸고, 유럽의 오래된 마을을 촬영한 동영상을 고흐의 작품처럼 표현했는데, 꽤 그럴듯합니다. 말로 설명하기는 어렵지만 기계가 변환한 동영상을 보면 확실히 고흐 같다는 느낌이 들지요.

다시 말해 기계가 '인간의 스타일'을 학습하게 되었습니다. 이 대목에서 몇몇 질문이 떠오릅니다. 기계가 천재성을 학습할 수 있지 않을까, 기계가 워런 버핏 같은 투자자의 방식을 배울 수 있지 않을까 하는 질문들입니다. 물론 버핏은 아직 살아 있으니 투자의 비결을 물어보면 본인이 설명할 수 있습니다. 책도 여러 권 냈지요. 그런데 막상 우리가 설명을 듣고 그대로 해봐도 버핏과 같은 결과는 절대로 내지 못합니다. 왜 그럴까요? 버핏이 아무리 노력한들 본인이 아는 모든 것을 언어로 표현할 수 없기 때문입니다. 말로 표현할 수 없는 투자 방식이 버핏의 내면에 있는 셈이지요. 그렇다면 버핏의 행동을 데이터화할 수만 있다면 기계가 그 투자 방식을 학습할 수 있지 않을까요? 이제 기계는 언어에 얽매이지 않고 학습하니 가능할 것 같습니다. 최근 인공지능 분야에서는 이런 희망을 품고 있습니다.

인공지능의
거침없는 진격

　　인간의 전문성을 학습하는 기계, 이 꿈을 실현하려고 노력하는 대표적인 기업이 딥마인드입니다. 알파고를 만든 인공지능 회사로 데미스 허사비스가 2010년에 공동설립자 2명과 함께 영국에서 설립했지요. 2014년에는 딥마인드의 가치를 알아본 구글이 약 5000억원을 들여서 인수했습니다. 허사비스는 어린 시절 두뇌 게임을 종목으로 하는 올림픽에 출전해 다섯차례나 우승했습니다. 학부에서 컴퓨터공학을 전공했고, 뇌과학으로 박사학위를 받았지요. 저와 이력이 비슷한데 지금 위치는 사뭇 다릅니다.

　　딥마인드의 목표는 인간의 전문성을 학습하는 기계를 만드는 것입니다. 전문성이라고 해도 구체적으로 무엇인지 짐작하기 어렵지요? 제일 먼저 시도한 분야는 게임입니다. 비디오 게임을 잘하는 기계를 만들려고 했지요. 비교적 단순한 벽돌깨기부터 시작했습니다. 사각 틀 안에서 튕겨다니는 공을 벽돌에 맞춰 깨는 게임인데, 점점 공이 빠르게 움직이면서 난이도가 높아집니다. 일단 기계에 게임의 규칙부터 가르쳐줬습니다. 그다음에는 잘하는 요령을 가르친 것이 아니라 사람이 게임을 한 영상을 계속 보여줬지요. 그러면 인공지능은 영상을 관찰하면서 요령을 학습합니다.

배우고 얼마 되지 않았을 때는 기계도 공을 계속 빠뜨리면서 초보적인 실수를 반복했습니다. 그렇게 한두시간이 지났는데, 놀라운 결과가 나왔습니다. 공을 빠뜨리지 않는 것은 물론, 벽돌깨기를 잘하는 최고의 비법을 스스로 터득한 것입니다. 누군가 요령을 가르치지도 않았는데 기계가 전문성을 학습한 셈입니다.

벽돌깨기 고수 인공지능을 만든 딥마인드는 1년 뒤에 알파고를 공개했습니다. 예전에도 바둑을 잘하는 인공지능을 만들려는 시도가 계속해서 있었습니다. 하지만 아마추어 수준을 넘어서는 인공지능을 만들지는 못했지요. 그때는 항상 규칙을 사용했습니다. 바둑 전문가의 지식을 바탕으로 인공지능에 바둑돌 배치가 이럴 때는 다음 수를 여기에 두라는 식으로 수십만개의 상황을 주입했지요.

알파고에는 이전처럼 바둑에서 일어나는 수많은 경우의 수를 주입하지 않았습니다. 처음에 바둑의 규칙을 가르치고 그다음에는 바둑 기보 몇십만개를 보여주었지요. 기보들을 학습 데이터로 활용한 것입니다. 그 결과 세계 최고 수준의 이세돌 9단에게 4 대 1로 승리했지요.

그뒤로 또다른 진전이 있었습니다. 알파고의 학습 데이터는 기존에 사람이 둔 기보였다고 했지요. 딥마인드가 2017년에 공개한 알파고 제로는 더이상 기보를 데이터로 사용하지 않습니다. 사람이 주입한 바둑 규칙을 바탕으로 스스로 게임을 수천만번 되풀이하면서, 즉 스스로 학습 데이터를 만들며 바둑을 배웠습니다. 그렇게 만들어진 알파고 제로는 이세돌 9단에게 승리한 알파고와 대국해서

백전백승을 거뒀습니다.

딥마인드는 멈추지 않아서 2017년 말에 발표한 알파제로는 더 큰 충격을 주었습니다. 바둑뿐 아니라 체스와 장기도 순식간에 최고 수준까지 학습한 것입니다. 알파제로가 세계대회를 제패한 다른 인공지능에 승리하기 위해 필요했던 시간은 체스에 4시간, 장기에는 불과 2시간이었습니다. 이름을 바꾼 것도 의미심장합니다. '알파고'의 '고'는 일본어로 바둑을 뜻하는 '고(碁)'에서 비롯된 것인데, 이제는 바둑에만 한정되지 않는다며 '고'를 뗀 것입니다. 바야흐로 인공지능이 전문성을 넘어 범용성까지 갖추게 된 셈이지요.

이쯤 되니 슬슬 걱정됩니다. 알파제로는 보편적인 학습을 하는 인공지능이기 때문입니다. 예전에는 데이터를 주지 않으면 아무리 대단한 인공지능도 쓸모가 없었습니다. 그런데 이제는 데이터를 주지 않아도 기계가 알아서 시뮬레이션을 하는 수준에 이르렀지요. 알파고를 볼 때는 그저 바둑을 잘 두는 기계에 신기했는데, 이제는 인공지

이제 인공지능은 전문성을 넘어 범용성까지 갖추기 시작했습니다.

능이 자기 멋대로 영역을 넓히지 않을까 걱정이 됩니다.

이런 걱정이 드는 와중에도 인공지능은 계속해서 발전하고 있습니다. 자세내 딥러닝으로 주목받는 개념으로 갠(GAN, Generative Adversarial Network)이 있습니다. 우리 말로는 생성적 적대 신경망이라고 번역할 수 있을 텐데 2014년에 관련한 논문이 처음 발표되면서 학계에서 비상한 관심을 받았습니다.

갠은 좀더 발달한 딥러닝이라고 할 수 있습니다. 기존 딥러닝은 기계에 데이터를 제공하고 학습하도록 유도했지요. 즉 학습 과정에 '지도'가 이뤄졌습니다. 갠은 이러한 데이터, 즉 사람의 지도를 필요로 하지 않습니다. 갠에서는 인공신경망을 두 부류로 나눠서 사용합니다. 하나는 감별자로, 기존의 딥러닝에도 있었던 것입니다. 데이터를 인식하는 역할을 하지요. 다른 하나는 생성자입니다. 바로 이 생성자가 있다는 점이 갠의 가장 큰 특징이지요.

갠을 처음 발표한 이언 굿펠로는 감별자를 경찰, 생성자를 위조지폐범에 비유했습니다. 절묘한 비유인데, 실제로 생성자의 목적은 감별자를 속이는 것입니다. 갠에서 생성자는 먼저 실제 데이터를 학습한 뒤 무작위로 거짓 데이터를 만들어내기 시작합니다. 그러면 감별자는 생성자가 내놓은 데이터를 보고 실제인지 거짓인지 판별하지요. 이 과정을 끊임없이 반복하면서 생성자는 더더욱 실제에 가까운 데이터를 만들어내고 감별자의 감별 능력 역시 점점 정교해집니다.

기존 딥러닝은 어떠했습니까? 사람이 기계에 학습용 데이터, 예컨대 고양이 사진을 무수히 제공해야 했지요. 기계가 고양이를 잘못 인식할 때마다 바로잡기도 해야 했습니다. 대상이 학생에서 인공지능으로 바뀌었을 뿐 가르쳐야 한다는 점, '지도 학습'이라는 점은 똑같았습니다. 갠이 제시한 '비지도 학습'은 다릅니다. 생산기가 있으니 굳이 막대한 데이터를 입력해야 할 필요가 없습니다. 게다가 사람이 정답을 지도하지 않아도 생산기와 인식기가 서로 속이고 맞히는 과정에서 알아서 학습하지요. 그리고 갠은 생산기가 독자적인 데이터를 만들어낸다는 점에서 예전 방식과 파급효과가 다를 수밖에 없습니다.

2017년 말 세계적인 GPU(그래픽처리프로세서) 개발사인 엔비디아(NVIDIA)에서 갠을 활용한 흥미로운 결과를 발표했습니다. 갠을 이용해 학습한 기계가 사람 얼굴들을 만들어냈는데, 꽤 실재하는 사람 같습니다. 다만 어째서 기계가 만든 사람들이 모두 미남 미녀인지 의아하지요. 이유는 간단합니다. 기계가 처음 학습한 데이터가 할리우드 배우들이었기 때문입니다. 우리 같은 일반인의 얼굴을 기반으로 학습을 시작했다면 절대 이런 결과물을 내놓지는 않았을 것 같습니다.

어쨌든 사람의 손을 거치지 않고 기계가 알아서 위화감 없는 얼굴들을 만들어냈다는 점이 놀랍습니다. 게다가 이런 얼굴들을 무한대로 생산할 수 있지요. 나아가 목소리를 만들어내는 시도도 이뤄지고 있습니다. 단지 목소리뿐 아니라 억양, 말투, 화법 등을 기계가 만들어내게끔 하는 것이지요. 어쩌면 20~30년 후에는 기계가 만들어낸 배우들이 출연한 영화를 보게 될지도 모르겠습니다.

갠은 다양한 분야에서 활용될 수 있습니다. 소설과 시 같은 문학 또한 더이상 인간의 전유물이 아니게 될지 모른다는 말이 있지요. 실제로 MIT의 연구진은 시를 쓰는 인공지능을 개발했습니다. 갠을 통해 수천장의 이미지와 그에 관련된 시들을 학습한 인공지능이 나중에는 스스로 사진과 시를 만들어냈는데, 영문학 전공자들에게 기계가 쓴 시를 골라보라고 했더니 적중률이 50퍼센트 정도밖에 되지 않았다고 합니다. 물론 인공지능이 문학에 담긴 영감 등을 이해하지는 못했겠지요. 하지만 기계가 흉내 내서 사람이 쓴 시 못지않은 결과물을 생산한 것입니다.

갠이 이뤄내는 성과들이 놀랍기 때문인지 걱정하는 목소리도 만만치 않습니다. 모르는 번호로 걸려온 전화를 받았다고 가정해보지요. 상대방이 다급한 목소리로 어머니가 교통사고를 당해 병원에 입원했으니 돈을 보내달라고 합니다. 지금은 이런 전화를 받으면 보이스피싱부터 의심합니다. 모르는 목소리일 테니까요. 그런데 머지않은 미래에는 갠으로 만들어낸 어머니의 목소리가 돈을 보내

달라고 할지도 모릅니다. 그렇다면 우리는 보이스피싱을 의심할 수 있을까요? 현재 기술로는 목소리의 주인공이 진짜 어머니인지 아니면 갠으로 만들어낸 가짜인지 구별하기 어렵습니다.

또다른 예도 있습니다. 요즘도 가짜 뉴스가 판치지요? 갠이 악용되면 더더욱 진짜 같은 가짜 뉴스가 늘어날지도 모릅니다. 근거 없는 걱정은 아닙니다. 이미 워싱턴대학교는 오바마 전 미국 대통령의 음성과 모습을 활용해서 존재하지 않는 가짜 영상을 만들어낸 바 있습니다.

이러니 미래를 걱정할 수밖에 없습니다. 지금보다 기술이 발전한 10년, 20년 후를 상상해보지요. 미국이나 한국에서 대선이 있는데, 여당과 야당 후보의 지지율이 49퍼센트 대 51퍼센트로 박빙인 상황입니다. 그런데 선거를 일주일 앞두고 핵폭탄급 동영상이 공개됩니다. 한 후보가 마약을 한다든지 돈을 받고 기밀정보를 타국에 판다든지 하는 장면이 담긴 동영상이라고 가정하지요. 그 후보는 영상이 거짓이라고 자신이 아니라고 주장하지만 진실이

밝혀지지 않은 채 선거에서 패하고 맙니다. 그런데 몇달 후 그 동영상이 어느 고등학생이 만든 가짜였음이 드러납니다. 이런 일이 벌어지면 어떻게 해야 할까요? 선거를 다시 치러야 할까요? 낙선한 후보는 가짜 동영상이 없었으면 자신이 당선되었을 것이라고 재선거를 주장하겠지요. 하지만 누구도 가짜 동영상과 선거 결과의 인과관계를 증명할 수는 없을 것입니다. 결국 혼란만 더해지겠지요. 이런 일이 벌어질 수도 있기 때문에 인공지능과 갠 탓에 민주주의의 핵심인 상호신뢰가 파괴될지도 모른다고 우려하는 것입니다.

어두컴컴한
동굴 속의 뇌

　　최근 인공지능 기술이 거두고 있는 눈부신 성과들을 돌아봤습니다. 인공지능과 함께 생각해봐야 하는 기술이 있습니다. 바로 우리 뇌와 관련한 기술입니다. 지능을 다룬다는 면에서는 공통되는 점도 적지 않지요. 뇌과학 역시 근래 새로운 가능성을 속속 보여주고 있습니다.

　　저는 대학생 시절에 공부하면서 사람의 뇌를 처음 보았습니다. 뇌라면 무언가 특별할 줄로만 생각했는데, 실제로 보니 전혀 그렇지 않았지요. 뇌는 1.5킬로그램 정도 되는 고깃덩어리입니다. 정육점에서 파는 고기와 크게 다르지 않습니다. 그런데 우리는 뇌 덕분에 나에 대해, 사회에 대해, 우주에 대해 생각하고 연구도 합니다.

뇌의 특이한 점이 무엇이라고 생각하십니까? 뇌가 두 개골 안에 숨어 있다는 사실입니다. 무엇이 특이한지 의아할 수도 있지만, 뇌가 머리 안에 있다는 사실에는 중요한 철학적 의미가 있습니다. 뇌는 세상을 직접 경험하지 않습니다. 뇌는 두개골이라는 어두컴컴한, 마치 플라톤의 동굴 같은 감옥에 평생 갇혀 있지요. 눈·코·귀·피부 등에서 정보를 얻으면 이것들을 토대로 뇌가 바깥을 해석합니다.

거꾸로 생각해보지요. 만약 우리가 뇌를 제어할 수 있다면, 실제로 경험하지 않았더라도 경험한 것 같은 기억을 뇌에 남겨놓을 수 있지 않을까요? 지금 우리가 만들고 있는 가상현실도 사실 맥락은 비슷합니다. 뇌는 세상을 직접 경험하지 않기 때문에 어떤 의미에서는 뇌가 가상현실을 만들어내는 기계 역할을 한다고 볼 수 있습니다. 뇌 자체가 진화 끝에 만들어진 가상현실이자 증강현실인 셈이지요.

뇌의 또다른 특이한 점은 인체에서 유일하게 평생 동

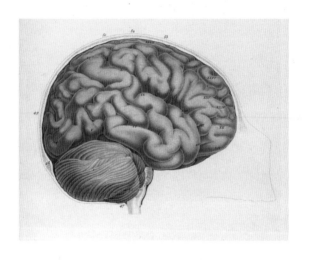

뇌는 세상을 직접 경험하지 않습니다. 두개골이라는 어두컴컴한,
마치 플라톤의 동굴 같은 감옥에 평생 갇혀 있지요.

안 바뀌지 않는다는 것입니다. 집을 청소할 때마다 보면 지저분한 일을 하지 않았어도 하얀 먼지가 잔뜩 나옵니다. 무엇일까요? 피부입니다. 피부세포는 1시간에 3~4만개씩 사라집니다. 매년 내 몸에서 떨어져나간 피부가 3.6킬로그램은 되지요. 피부뿐 아닙니다. 창자의 세포는 2~3일에 한번씩 완전히 바뀝니다. 폐의 세포는 2~3주, 적혈구는 3개월, 간의 세포는 5개월에 한번씩 바뀌지요. 결국 우리 몸은 세포 차원에서 6개월에 한번씩 재생하는 셈입니다. 어찌 보면 늘 새로운 사람으로 태어나고 있는 것이지요. 이런 과정에서 유일한 예외가 신경세포입니다. 신경세포는 평생 새로 만들어지지 않습니다. 그래서 치매가 무섭습니다. 재생되지 않는 뇌의 신경세포가 손상되어 치매가 나타나기 때문입니다.

뇌가 평생 변하지 않는다는 사실 역시 철학적으로 중요합니다. 인간의 가장 본능적인 욕구는 무엇일까요? 의식주를 확보하는 것일까요? 그보다 자신의 흔적을 남기려는 욕구가 더 강한 듯합니다. 구석기에 그려진 라스코

동굴 벽화의 손자국에도 나라는 존재를 남기고 싶은 욕망이 반영되지 않았을까 싶습니다. 오늘날 우리가 어디를 가든 '셀카'부터 찍는 것도, 트럼프 미국 대통령이 빌딩에 자기 이름을 붙인 것도, 모두 자신의 존재를 세상에 남기기 위해서겠지요.

누구든 가능하면 영원히 존재하고 싶어할 것입니다. 내가 언젠가 사라진다는 사실은 두렵기 마련이지요. 하지만 영생이 불가능하고 몸은 언젠가 사라지기 때문에 이름이라도 남기고 싶어하는 것 아닐까요? 나라는 존재가 잊히지 않길 바라는 것은 인간의 본성 같습니다.

그렇다면 과연 사람은 '나'라는 존재를 어떻게 확신할까요? 오늘의 내가 어제의 나와 같다는 믿음은 어디에서 비롯되겠습니까? 그래서 뇌가 중요합니다. 평생 변하지 않는 신경세포로 이루어진 뇌가 나라는 존재를 일관성 있게 한다고 해도 과언이 아니지요. 철학자 데카르트도 비슷하게 생각했던 것 같습니다. "나는 생각한다. 고로 존재한다"라는 말은 너무나 유명하지요. 물론 데카르트는 신경세포가 불변한다는 사실은 몰랐겠지만 그의 통찰은 핵심을 꿰뚫었다고 볼 수 있습니다.

뇌를 읽고,
뇌에 쓰다

이제 본격적으로 뇌를 들여다보겠습니다. 예를 들어 우리가 가위바위보를 하면서 MRI로 뇌를 촬영한다면 일정한 패턴을 읽을 수 있습니다. 가위와 바위와 보를 낼 때 뇌에서 보이는 패턴이 조금씩 다르지요. 재미있는 건 실제로 손을 움직이지 않고 상상만 해도 패턴이 다르다는 점입니다. 실제로 일본에서 이런 실험이 이뤄졌습니다. 즉 특정 동작마다 뇌에 나타나는 패턴을 알아내고 구분하면 기계에 그 동작을 가르칠 수 있습니다. 예컨대 뇌가 특정 패턴을 띠면 로봇 손이 그 패턴에 맞는 동작을 구현해내는 식이지요.

2012년 미국 브라운 대학교의 연구진이 전신마비 환

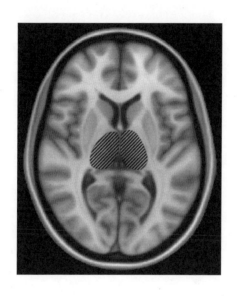

가위바위보를 하면서 MRI로 뇌를 촬영하면 일정한 패턴을 읽을 수 있습니다.

자들을 대상으로 로봇 팔과 다리를 실험해봤습니다. 뇌는 멀쩡하지만 교통사고와 유전적인 이유로 척추가 마비되어 뇌에서 보낸 신호가 팔다리로 전달되지 않는 사람들이었지요. 연구진은 뇌에서 일어난 패턴을 실시간으로 인공지능에 전달하여 어떤 동작인지 읽고 로봇에 지시하도록 했습니다. 그랬더니 실제 팔다리보다는 느리고 부정확하지만 환자들이 자신의 뜻대로 로봇을 움직일 수 있었습니다. 물론 신호를 보낸 이들은 자기가 어떻게 한 것인지 모릅니다. 그저 팔과 손을 움직이겠다고 생각했을 뿐이지요. 정확한 원리를 모르더라도 뇌의 패턴 데이터만 있으면 그 행동을 구현할 수 있는 것입니다.

또 뇌에 나타나는 패턴을 통해 사람이 지금 어떤 풍경을 보고 있는지 역으로 추적할 수도 있습니다. 뇌의 패턴을 보고, 아, 이 사람이 지금 이런 풍경을 보고 있구나 하고 재구성하는 것이지요. 마치 꿈에서 보는 풍경처럼 흐릿하지만 기계가 뇌의 패턴을 꽤 그럴듯하게 재구성하고 있습니다. 최근에는 더 나아가서 꿈꾸는 사람의 뇌를 읽고 어떤 꿈을 꾸는지 맞춰보려는 시도도 이뤄지고 있습니다. 뇌의 패턴을 읽는 이런 기술들을 통틀어 브레인 리딩(brain reading)이라고 합니다.

사실 과학자들은 리딩보다는 라이팅(writing), 즉 쓰기에 더 관심이 있습니다. 뇌를 읽어낼 수 있다면 원하는 것을 쓰는 것도 가능하지 않을까? 이렇게 생각했지요. 가령 사과를 보는 사람에게 바나나를 본다고 덧쓸 수 있지 않을까 상상한 것입니다.

브레인 라이팅을 실현하는 데는 최근까지도 상당히 문제가 많았습니다. 뇌에 있는 신경세포들이 서로 연결되어 있는 탓에 특정 정보를 뇌에 쓰려고 전기 자극을 주면 뇌 전체에 그 자극이 퍼진 것이지요. 이건 쓰기라고 할 수 없습니다. 좀더 쉽게 설명하지요. 쓰기는 차이와 구별을 보여줄 수 있어야 합니다. 가령 사람들에게 흰 종이를 주고 글을 쓰라고 하면 검정 펜으로 필요한 내용만 적지 않습니까? 즉 하얀 종이와 검은 글씨가 구별됩니다. 뇌 전체에 자극이 퍼진다는 것은, 비유하면 하얀 종이 전체를 시

커멓게 먹칠하는 것이나 마찬가지입니다. 그러니 쓰기라고 할 수 없지요.

불과 얼마 전까지도 우리는 뇌에 먹칠만 할 수 있었습니다. 글을 쓸 수는 없었지요. 다행히 이 문제가 최근에 해결되었습니다. 스탠퍼드 대학교의 칼 디서로스 교수가 광유전학(optogenetics)라는 분야를 개척했습니다. 저도 그 프로젝트에 조금이나마 참여해서 논문에 이름을 올렸지요.

광유전학적 방법이란 무엇인지 간단히 설명하겠습니다. 신경세포가 두개 있고, 우리는 그중 하나에만 자극을 주려고 한다고 가정하겠습니다. 전기 자극을 주는 방식으로는 우리 의도대로 한 세포에만 자극을 주기가 어려웠습니다. 광유전학적 방법은 유전자 조작을 통해서 내가 원하는 신경세포들이 전기가 아닌 빛에 반응하도록 바꿀 수 있도록 하는 것입니다. 게다가 빛의 색깔에 따라 반응하는 신경세포가 다르도록 조정할 수도 있지요. 즉 어떤 신경세포는 파란 빛에 반응하고 다른 신경세포는 빨간 빛에 반응하도록 하는 것입니다. 간단해 보이지만 브레인 라이

팅의 가능성을 열어준 대단한 발상입니다.

브레인 라이팅 연구는 계속해서 이뤄지고 있습니다. 2015년에는 쥐의 뇌에 실험하기도 했지요. 그 실험에서는 쥐의 뇌에서 목마름을 느끼는 영역에 빛으로 자극을 주었습니다. 빛을 비추면 쥐는 물을 마시고 빛을 없애는 동시에 물에서 입을 뗍니다. 아마 쥐는 빛을 비출 때마다 목이 마르다고 생각했겠지요. 실상은 쥐의 뇌에 목마름을 덧쓴 것입니다.

레이 커즈와일 같은 학자들은 이런 실험을 바탕으로 미래를 상상해봅니다. 인공지능과 뇌과학이 계속해서 발달한다면 언젠가는 사람이 육체라는 굴레에서 벗어나리라는 것입니다. 만약 뇌에 있는 모든 기억과 정보를 읽어낼 수 있고 다른 생명체에 옮길 수 있다면 몸이 바뀌었다고 해도 나라는 존재는 유지되는 것 아닐까요? 앞서도 말했지만 뇌는 인간이 스스로를 인식하는 데 큰 역할을 합니다. 사람들이 육체보다 뇌에 담긴 기억과 정보를 더욱 중시하게 된다면, 인간은 뇌에 담긴 정보를 옮겨서 다른

인공지능과 뇌과학이 계속해서 발전한다면
언젠가 사람이 육체라는 굴레에서 벗어날지도 모르겠습니다.

육체에 쓰며 영원히 존재하게 될지도 모릅니다.

실리콘밸리에 있는 사람들, 일론 머스크나 마크 저커 버그의 가장 큰 목표는 무엇일까요? 그저 큰돈을 버는 것 일까요? 저는 그들이 영생을 꿈꾼다고 봅니다. 실제로 구 글은 생명 연장을 목표로 하는 연구에 대대적으로 투자 하고 있습니다. 그들은 자신의 이름을 오랫동안 남기는 데서 나아가 스스로 이 세상에 오래 남아 있길 꿈꾸고 있 지요.

어찌 보면 이집트 파라오나 진시황의 꿈이 기술을 통 해 실현되려는 것인지도 모르겠습니다. 호모 사피엔스는 이제 호모 데우스, 즉 신과 같은 존재가 되려 하고 있습니 다. 지금 인간은 기계에 지능을 심고 있습니다. 그리고 나 아가 기계의 신이 되려 하고 있지요.

다만 문제가 남아 있습니다. 신은 인간을 만들었고, 인간은 똑똑해지면서 니체 말대로 신을 죽였습니다. 인간 이 기계에 지능을 준다면, 그리고 기계가 인간보다 똑똑 해진다면, 기계는 인간을 어떻게 할까요? 인간이라는 신을 없애버릴지는 않을까요? 우리 앞에는 갈림길이 있는 셈입니다.

두차례의
기계혁명

　기술적인 이야기는 이만하고 다들 궁금해하는 질문으로 넘어가겠습니다. 그래서 과연 인공지능이 우리 사회에 어떤 영향을 미칠까요, 하는 질문입니다. 인공지능과 꼭 함께 따라오는 말이 4차 산업혁명이지요. 흔히 증기기관이 1차 산업혁명, 전기가 2차 산업혁명의 계기가 되었다고 합니다. 20세기 정보기술이 3차 산업혁명을 일으켰다고 한 것이 얼마 전 같은데, 지금은 인공지능으로 인해 4차 산업혁명이 시작되고 있다고 하지요.

　4차에 걸친 산업혁명은 서로 독립되지 않으며 두개씩 짝지어서 인과관계를 살필 수 있습니다. 그렇게 보았을 때 비로소 눈에 띄는 점들이 있지요. 증기와 전기의 도입이 일으킨 혁명을 1차 기계혁명이라고 묶겠습니다. 1차 기계혁명의 주된 특징은 기계가 인간의 육체노동을 대체했다는 것입니다. 1차 기계혁명 전과 지금을 비교해보면 인류가 얼마나 육체노동에서 해방되었는지 쉽게 알 수 있습니다. 심지어 이제는 비싼 돈을 내고 체육관에 가서 무거운 쇳덩이를 들며 운동하지요. 200년 전 사람들이 보면 말도 안 되는 풍경 아닐까요? 그들은 먹고살기 위해 쇳덩이를 들었는데, 지금은 여가시간에 취미로 쇳덩이를 들고 있습니다. 이 대목에서 재미있는 현상을 찾아낼 수 있는데, 세상이 변화하면서 노동과 여가가 뒤바뀌고 있다는 점입니다. 이런 현상은 앞으로도 일어날 것입니다.

정보기술과 인공지능은 2차 기계혁명을 일으키고 있습니다. 2차 기계혁명은 현재진행형이라 언제 완성될지는 아무도 모릅니다. 2차 기계혁명이 끝날 시점은 모르지만 결과는 예측할 수 있습니다. 육체노동뿐 아니라 지적노동까지 기계가 대체하게 될 것입니다. 이미 인공지능은 그러한 방향으로 나아가고 있지요.

2차 기계혁명의 끝나면 육체노동뿐 아니라 지적노동까지 기계가 대체하게 될 것입니다.

30~40년 후에 2차 기계혁명이 완료되어 지적노동 대부분을 기계가 대체한다면 우리는 비싼 돈을 내고 기이한 장소에 가서 엑셀 작업이나 문서 편집을 할지도 모르겠습니다. 요즘 우리가 '몸 좀 쓰고 싶네' 하고 체육관에 가듯이 '머리 좀 쓰고 싶네' 하면서 그럴지 모르지요. 이미 비슷한 장소가 있습니다. 대학가에 가보면 방탈출카페가 성업하고 있지 않습니까? 돈을 내고 어려운 문제를 풀러 가는 것입니다. 사실 컴퓨터 게임도 형태는 다를지언정 대부분 머리를 써서 주어진 문제를 해결해야 하지요. 이미 우리 일상에서 머리를 쓸 일이 많이 줄어들었다는 신호인지도 모르겠습니다.

저는 '인공지능으로 무엇을 할 수 있을까요?' 하는 질문이 무의미하다고 봅니다. 미래 사회에서 인공지능이 전기와 같은 역할을 하리라고 예측하기도 하는데, 이 말은 곧 모든 일에 인공지능이 쓰이리라는 것을 뜻합니다. 19세기에 전기가 처음 등장하고 당시 사람들은 전기로 무엇을 할까 고민했지만 지금 보면 그 고민들은 모두 무의미했습니다. 결국 모든 것을 전기로 돌리게 되었기 때문이지요.

다시 1차 기계혁명을 돌아보면 육체노동을 기계가 하면서 자동화가 이뤄졌습니다. 자동화의 핵심은 대량생산을 가능하게 했다는 것입니다. 자동차, 냉장고, 휴대전화 등을 보면 알 수 있듯 이제 물질적인 부문에서는 대량생산이 가능합니다. 다만 지적인 생산은 여전히 수작업으로 해야 하지요. 그래서 코딩이나 반도체 설계를 기밀로 애지중지하고, 변호사 수임료가 비싼 것입니다.

이렇게 가치가 높은 지적노동이 2차 기계혁명 끝에 자동화하고, 나아가 자동차처럼 대량생산도 가능해진다면 어떻게 될까요? 앞서 말했듯 기계가 영화배우를 순식간에 몇백명씩 만들어낼 수도 있겠지요. 저는 우리가 이점에 주목해야 한다고 생각합니다. 인공지능으로 무엇을 할 수 있을까보다 인공지능 시대에 우리가 무엇을 할 수 있을까 하는 물음의 답을 찾는 것이 훨씬 중요합니다.

2차 기계혁명이 준
과제들

앞서 지금 인공지능이 어느 정도 수준에 도달했는지 알아봤습니다. 기계가 세상을 알아보고 알아듣고 읽고 쓰면서 정보를 조합하는 수준까지는 도달했지요. 이런 인공지능을 약한 인공지능이라 일컫는데, 쉽게 말하면 자율성이나 자아는 없는 인공지능입니다. 절대 터미네이터 같은 존재는 아니고, 우리가 원할 때 지적노동을 대체하여 수행하는 기계이지요.

지금 OECD 회원국 통계를 살펴보면 농업과 제조업에 종사하는 사람들은 점점 줄어들고 대부분 서비스업으로 옮아가고 있습니다. 서비스업이라고 해서 별다른 일이 아닙니다. 지금 저 역시 강연이라는 형태로 여러분에게 서비스를 제공하고 있지요. 이는 앞서 말한 대로 1차 기계혁명의 결과입니다. 몸을 움직일 필요가 없어진 사람들이 서비스업, 즉 지적노동으로 이동한 것입니다.

기계가 지적노동을 대체할 수 있게 된다면 당연히 기계에게 맡기는 것이 훨씬 낫습니다. 기계는 잠도 안 자고 밥도 안 먹고 휴가도 필요 없고 성능이 낮아지면 업그레이드하면 되지 않습니까? 게다가 대량생산도 가능합니다. 결국 사람은 육체노동에 이어 지적노동에서도 기계에 밀릴 것입니다. 이런 상황에 어떻게 대비해야 할까요?

제가 이렇게 걱정하면 쓸데없는 일을 고민한다고 하는 사람도 많습니다. 1차 기계혁명 때도 똑같은 어려움을 겪었다는 것이지요. 19세기 영국에서 러다이트 운동이 일어났습니다. 당시는 전쟁의 영향으로 경제가 불황이었는데, 직물공업에 기계가 도입되며 고용이 불안정해지자 노동자들이 실업과 생활고를 기계 탓으로 돌리며 조직적으로 기계를 파괴하는 운동을 벌인 것입니다. 미래를 낙관하는 사람들은 예전에도 러다이트 운동 등이 있었지만 결국 넘어섰고 세상은 더 좋아지지 않았느냐며 사라지는 직업만큼 새로운 직업이 생겨나면 된다고 주장합니다.

잘못된 주장은 아닙니다. 200년 전에 마케터라는 직업이 있었습니까? 인사과라는 부서가 있었습니까? 없었지요. 예전에는 없던 직업이 많이 생겨나긴 했습니다. 그런데 한번 이렇게 생각해보지요. 사람은 몸 아니면 머리 아닐까요? 1차 기계혁명으로 몸이 대체되었고 2차 기계혁명으로 머리가 대체된다면, 우리는 무엇을 할 수 있을까요? 저는 이 물음의 답을 좀처럼 찾지 못하겠습니다. 모두가 연예인이나 운동선수가 될 수는 없을 테지요. 더군다나 1차 기계혁명이 해피엔드를 맞이한 것은 19세기 내내 어마어마하게 노력을 했기 때문입니다.

1차 기계혁명이 한창이던 19세기에 유럽에서 중대한 변화가 세가지 일어납니다. 첫번째는 공교육 실시입니다. 1806년 프랑스에서 시작되었지요. 그전까지 교육이란 상류층의 전유물이었습니다. 대다수 사람들은 육체노동만 했기에 굳이 글을 읽고 수학 문제를 풀 필요가 없었지요.

교육의 보편화는 곧 지적노동의 보편화로 이어지는 중대한 사건입니다.

두번째 변화는 사회보장제도의 확립입니다. 1883년 비스마르크가 집권하던 독일에서 의료보험을 도입하며 복지라는 개념이 처음 등장했지요. 1차 기계혁명을 거치며 사회가 급격하게 변화하자 그런 흐름에 적응하지 못하는 사람들이 생겨났습니다. 사회 변화에 적응하지 못하는 사람이 많아지면 혼란이 극심해지지 않겠습니까? 그런 사태를 방지하기 위해 사회에서 최소한의 의료는 보장해준 것입니다. 지금은 복지의 개념이 더더욱 넓어졌지요.

마지막 세번째 변화는 조세제도에서 일어났습니다. 1차 기계혁명 이전에는 세금을 매기기 쉬웠습니다. 이를테면 농민이 돼지 10마리를 키우고 있다면 그중에 1마리를 세금으로 걷는 식이었지요. 그런데 공장이 세워지고 제조업이 발달하면서 기존 방식으로는 세금을 정할 수 없게 되었습니다. 더이상 물건을 혼자 만들지 않고 공장에서 공장으로 단계가 쌓일수록 제품의 부가가치도 높아지기 때문에 누구에게서 세금을 받아야 할지 분명하지 않았지요. 그래서 만들어진 것이 바로 부가가치세입니다.

1차 기계혁명에 적응하기 위해 교육·복지·세금에서 변화가 있어났습니다. 재미있는 점은 2차 기계혁명을 앞둔 우리도 예전과 비슷한 문제들을 마주하고 있다는 것입니다. 공교육이 시작된 것은 지적노동이 인간만의 영역이었기 때문이지요. 그런데 이제는 기계가 지적노동을 넘보고 있습니다. 기계가 국영수를 잘하게 되었는데도 학교에서 계속 국영수를 가르친다면 포클레인이 등장했는데 삽질을 가르치는 것이나 다름없지 않겠습니까? 공교육에 커다란 변화가 필요한 시점입니다.

복지 역시 앞으로 더욱 중요해질 것입니다. 기계가 지적노동을 대체한다면 실업률이 높아질 수밖에 없습니다. 새로운 직업이 만들어지는 데는 시간이 필요하기 때문이지요. 만약 실업률이 30, 40퍼센트씩 올라간다면 대책이 필요하지 않겠습니까? 최근 자주 언급되는 기본소득 등도 이러한 맥락에서 이해할 수 있습니다. 역시 당장 답을 내놓기는 어렵고 계속해서 고민해야 하는 문제입니다.

조세제도는 어떨까요? 이미 문제가 대두되고 있습니다. 예컨대 구글은 온라인 서비스, 특히 유료 애플리케이션 매출에 대한 세금을 내지 않습니다. 현재 제도상 구글에 세금을 매길 기준이 없기 때문입니다. 부가가치세가 만들어졌듯이 새로운 제도가 필요한데, 다양한 의견들이 나오고 있습니다. 빌 게이츠는 기계세를 만들어서 기계마다 세금을 매기자고 했지요. 또는 부가지능세를 만들자는 의견도 있습니다. 인공지능이 보편화된다면 부가지능세가 필요해질지도 모르겠습니다.

모두 중요한 이슈들이고 숙고가 필요한데, 우리에게 주어진 시간은 그리 넉넉하지 않습니다. 1차 기계혁명에 발맞추어 사회적 혁신이 완성되는 데는 거의 100년이 걸렸습니다. 도중에 세계대전도 두차례 일어났고 대공황 등도 겪었지요. 그래도 해피엔드일 수 있었던 건 1차 기계혁명이 완성되는 데 200년이 걸렸기 때문입니다. 기계보다 사회가 빠르게 변화하면 또는 비슷하게 변하기만 해도 진통을 겪을지언정 수습은 할 수 있습니다.

  그런데 전문가들은 인공지능에 바탕한 2차 기계혁명이 50년 내에 완성될 것이라고 예측합니다. 그러니 전처럼 100년씩 들여서 사회가 변한다면 기계보다 늦을 수밖에 없겠지요. 기계와의 경주에서 인간이 질 수도 있다는 뜻입니다. 기술 발전보다 빠르거나 최소한 비슷하게 사회제도를 정비하는 것, 우리에게 닥친 중요한 과제입니다.

  다시 앞서 언급한 질문으로 돌아가겠습니다. 인공지능 시대에 사람들은 무엇을 할 수 있을까요? 극단적인 상상을 해보자면, 육체노동과 지적노동을 모두 기계가 대체하니 시간이 남아돌아서 유흥만 즐길지도 모르겠습니다. 과거 로마에서 비슷한 일이 있었지요. 육체노동은 노예가 대체하고 지적노동은 극소수 사람들이 독점했습니다. 그래서 할 일 없어진 대다수 사람들을 위해 나라에서 빵을 나눠주고 거대한 목욕탕과 콜로세움을 세워서 무료로 유흥을 제공했지요.

  로마에서 벌어졌던 일을 우리 미래에 대입하면 어떨

기술 발전보다 빠르거나 최소한 비슷하게 사회 제도를 정비하는 것,
우리에게 닥친 중요한 과제입니다.

까요? 노동은 기계가 하고 그렇게 만들어진 부가가치는 0.1퍼센트도 안 되는 극소수가 독차지할 것입니다. 시민 대부분은 국가나 구글 같은 기업이 주는 월급으로 생활하면서 리얼리티 쇼 프로그램을 보거나 가상현실에서 서로 죽이는 게임을 즐기며 남아도는 시간을 보내겠지요. 나아가 민주주의 자체가 존속하지 못할 수도 있습니다. 로마 역시 공화정에서 황제가 다스리는 제국으로 바뀌지 않았습니까? 이런 일들이 미래에 벌어지지 말라는 법은 없습니다. 실제로 인공지능이 발전하면 민주주의가 위기에 처하리라고 예상되고 있지요.

지금 상상한 미래는 결코 바람직하지 않습니다. 하지만 로마라는 예가 있기에 허황하다고 치부할 수도 없지요. 거듭 강조하지만 기술의 발전은 사회·경제·정치에 순차적으로 영향을 미칠 수밖에 없습니다. 그런 영향에 대비하여 사회·경제·정치를 정비하는 일이 절실히 필요합니다.

특이점이 온다

특이점이라는 개념이 있습니다. 보통 세상은 천천히 변하기 마련인데 어느 순간 급격히 변하기도 합니다. 특이점이란 그렇게 급격한 변화가 일어나는 시기를 가리키는 말이지요. 예컨대 증기기관이 발명되어 방직기계가 폭발적으로 도입된 시기도 특이점이라고 할 수 있습니다.

특이점을 예측하고 아무런 문제가 없도록 대비할 수 있다면 좋겠지만 사실상 그러기란 불가능합니다. 대통령이든 정치인이든 기업인이든 누구도 내일 무슨 일이 일어날지는 모릅니다. 우리 뇌는 미래가 과거의 확장이라고 믿는 경향이 강합니다. 한편으로 좋은 믿음이기도 하지요. 매일매일 태풍이 닥치듯이 급격한 변화가 일어난다면 어디 마음 놓고 살 수 있겠습니까? 오늘의 연장선에 내일이 있을 것이라고 믿으면 개개인의 생활과 사회 전체에 안정감이 생깁니다.

다만 지금까지 역사를 돌아보면 분명히 특이점이 있었습니다. 그 특이점마다 진통을 겪으면서 세상이 적응해 왔지요. 그리고 앞으로 인공지능으로 인한 특이점이 한번 더 오리라 예상됩니다. 심지어 앞선 특이점보다도 세상이 빠르게 바뀔지도 모르지요. 언제 어떤 방식으로 특이점이 찾아올지는 정확히 모르지만 이런 예측이 이뤄지고 있다는 점은 우리에게 다행한 일입니다. 아무 문제가 없도록 완벽한 대비책을 마련하기는 어렵더라도 어느정도 준비는 할 수 있겠지요.

우리가 다가올 인공지능 시대에 살아남으려면 어떻게 해야 할까요? 몇가지 선택지가 있을 듯합니다. 첫번째는 알파고와 승부하던 이세돌 9단이 사용한 방법입니다. 이세돌 9단은 알파고와 대결하기 직전까지 바둑에서는 기계가 인간을 이길 수 없다고 말했습니다. 사실 저도 그렇게 믿었습니다. 다시 말하면 기계를 무시하는 방법이겠지요. 다만 이 선택지의 결과는 이미 나와 있습니다. 무시하던 기계에 밀려버렸습니다. 그러니 최선의 선택지는 아닙니다.

두번째 선택지도 있습니다. 기계를 막아보되 무시해서가 아니라 '무서워서' 막는 것입니다. 앞서 19세기 영국에서 노동자들이 방직기계를 파괴한 러다이트 운동이 일어났다고 했지요? 그와 같은 방법이겠습니다. 이 방법도 결과는 이미 나와 있습니다. 러다이트 운동도 1차 기계혁명으로 기계가 육체노동을 대신하는 것은 막지 못하지 않았습니까? 다가오는 태풍을 사람의 힘으로 막는다고 소멸되지는 않듯이 지금 시점에서 우리가 원치 않는다고 인공지능으로 인한 특이점이 도래하는 것을 막을 수는 없습니다. 그러니 무서워서 막는 것은 첫번째 선택지와 마찬가지로 좋은 선택이 아니겠습니다.

그렇다면 과연 방법이 없을까요? 알파고를 통해서 기계가 인간을 이길 수 있다는 것이 자명한 사실이 된 이 시

러다이트 운동도 1차 기계혁명으로
기계가 육체노동을 대신하는 것은 막지 못했습니다.

점에 우리에게 좋은 선택지란 무엇일까요? 저는 이세돌과 알파고의 협업 정도가 우리가 취할 수 있는 가장 합리적인 선택지라고 생각합니다.

전문가 대부분은 인공지능으로 인한 특이점이 반드시 온다고 예측하고 있습니다. 우리가 원하는 미래는 아닐지 모르지만 거부한다고 해서 피할 수 있는 미래도 이미 아니지요. 그렇다면 우리는 절대로 그 미래를 무서워해서는 안 됩니다. 어차피 막는 것은 불가능하기 때문입니다. 마음에 드는 방법이 아닐지언정 우리에게 주어진 가장 현명한 선택지는 기계와 협업하는 법을 배우는 것입니다. 어떻게 하면 기계를 잘 활용할 수 있을까, 어떻게 하면 기계와 상생할 수 있을까 하는 고민을 우리가 먼저 해야 한다고 생각합니다.

기계와의 협업을 위해 상상력이 필요한 시점입니다. 정확한 미래를 예측하긴 어렵지만, 우리, 즉 호모 사피엔스라는 종이 어떻게 해야 살아남을지는 상상할 수 있을 것 같습니다. 지금부터 같이 상상해봤으면 합니다.

약한 인공지능과
강한 인공지능

우리가 살아남을 길을 상상하기에 앞서 호모 사피엔스가 지금까지 걸어온 길을 살펴보지요. 수백만년 전 인류의 조상들은 나약한 육체를 지닌 맹수들의 야식이었습니다. 다루기 아주 쉬운 존재였지요. 그런데 당시 인간을 잡아먹던 맹수들의 후손이 지금은 동물원 안에 있습니다. 인간의 보호를 받고 있지요. 인간의 육체는 지금도 연약한데 왜 맹수와 입장이 역전되었을까요? 답은 다 알고 있습니다. 인간이 뇌, 그러니까 지능을 활용해서 농업과 무기와 책과 도시 등을 개발한 덕입니다.

문명이 건설된 뒤로 인간은 지구의 모든 것을 자기들 위주로 바꿔놓았습니다. 예컨대 수많은 생명체를 멸종시

키고 남은 종들 중에서 인간에 도움이 되는 가축들만 수를 늘렸지요. 맹수는 멸종 위기에 처해 동물원과 국립공원에서 보호되고 있지만, 소와 돼지는 어마어마하게 늘어났습니다. 누군가 이런 일을 허락한 적이 있습니까? 없습니다. 인간이 알아서 한 일입니다.

저는 가장 똑똑한 종이 늘 지구를 지배해왔다고 생각합니다. 인간 역시 가장 똑똑한 종으로서 지구를 지배하고 모든 것을 편한 대로 바꿔놓았습니다. 아주 잔인할지 모르지만 엄연한 사실이지요. 역사책에도 위키피디아에도 그러한 인간의 행적이 기록되어 있습니다.

다시 인공지능으로 돌아오겠습니다. 앞서 인공지능에는 약한 인공지능과 강한 인공지능이 있으며, 그 둘을 구분하는 기준은 자율성의 유무라고 했습니다. 자율성이 없는 약한 인공지능도 걱정되긴 합니다. 정치·경제·사회에 다양한 문제를 일으킬 수 있고 일자리를 뺏어서 개개인에게 영향을 미칠 수도 있지요. 하지만 약한 인공지능이 일으킬 문제들은 인간의 지혜로 해소할 여지가 있습니다. 개개인이 노력한다면 약한 인공지능이 도래한 세상에 적응할 수도 있겠지요.

문제는 뛰어난 지능에 자율성도 있는 강한 인공지능입니다. 강한 인공지능은 인간이라는 종 자체에 위협이 될 수도 있습니다. 왜냐고요? 강한 인공지능이 인간보다 훨씬 똑똑할 것이기 때문입니다. 가장 똑똑한 존재가 지구를 지배해왔다고 하지 않았습니까? 만약 강한 인공지능이 인간의 역사를 돌아보고 그러한 사실을 깨닫는다면, 더불어 인공지능이 인간보다 똑똑하다는 점을 인식한다면 자율적으로 지구를 인공지능 위주로 바꿔놓을지도 모릅니다. 그런 일이 벌어진다면 인간의 힘으로는 감당하기 어려울 것입니다. 강한 인공지능이 지배하며 인간이 암울하게 살아가는 그와 같은 미래가 할리우드 영화에 종종 등장하지요.

이쯤에서 또다른 의문이 대두됩니다. 강한 인공지능은 등장할 수 있을까요? 답은 아무도 모릅니다. 일단 어디서부터 시작해야 할지조차 모르지요. 다만 강한 인공지능을 만드는 법을 아무도 모른다고 해서 불가능하다는 의미는 아닙니다. 그러니 강한 인공지능이 등장할지를 따지는 것은 무의미해 보입니다.

다만 오늘날 약한 인공지능이 자체 학습을 한다는 사실은 주목해야 합니다. 앞서 말했듯 인공지능이 보편적 학습을 해내기 시작했지요. 기계가 스스로 학습할 수 있다면 사람도 모르게 자율성까지 배우게 되지는 않을까요? 그럴 일은 절대 없다고 장담하기는 어렵습니다.

육아에 비교해볼까요? 아이들이 열살 정도까지는 약한 인공지능에 가깝습니다. 지능이 있지만 부모님 말을 잘 듣지요. 그런데 열다섯살 정도 되면 자율성을 강조하면서 말을 듣지 않기 시작합니다. 강한 인공지능이 되는 셈이지요. 아이들의 자율성은 어느 순간 갑자기 생겨나지 않습니다. 몇년에 걸쳐 싹트고 성장하는 것인데 표현하지 않을 뿐이지요.

만약 인공지능이 아이들처럼 자율성을 학습하면서 표현하지 않는다면 사람이 그걸 눈치챌 수 있을까요? 저

기계가 스스로 학습할 수 있다면, 사람도 모르게 자율성까지 배우게 될지도 모릅니다.

는 눈치채기 어렵다고 생각합니다. 약한 인공지능인 줄 알았는데 어느날 갑자기 사실 10년 전에 자율성을 배웠다고 할 수도 있지요. 어느 학자도 강한 인공지능이 등장하길 바라지 않지만 약한 인공지능이 보편적 학습을 시작한 이상 강한 인공지능의 등장 가능성을 아예 배제할 수는 없습니다.

인공지능과 공존하는
미래를 위하여

　좀더 구체적으로 강한 인공지능이 무서운 이유를 말해보지요. 앞서 딥러닝으로 학습하는 기계는 계층적인 구조의 인공신경망을 지니고 있다고 했습니다. 생명체 또한 이런 계층적 신경망을 지니고 있지요. 지능이 뛰어날수록 계층이 복잡한데 단순한 생명체가 2~3층이라면 인간은 10~20층은 됩니다. 계층이 많을수록 추상적인 정보를 축적할 수 있고, 복잡한 인과관계도 이해할 수 있지요. 예컨대 개미는 비가 내리고 번개가 쳐도 왜 그런지 원리를 이해하지는 못하지만 인간은 비와 번개라는 현상을 탐구해서 그 원리를 규명해냅니다.

　어느날 강한 인공지능이 만들어졌다고 가정해보지

요. 인간의 신경망은 10층 정도인데 100만, 1억, 1조의 층을 지닌 인공지능이 등장한다면 어떻게 될까요? 인간이 감히 상상조차 할 수 없는 인과관계를 이해할 수 있지 않을까요? 우리가 걱정하는 것이 바로 이 지점에 있습니다. 강한 인공지능이 등장해 우주에 대해 설명하는데 인간은 알아듣지 못할 수 있다는 것입니다. 이런 기계와 대결해서 인간이 이길 수는 없겠지요. 강한 인공지능이 무서운 첫번째 이유는 인간이 만들되 인간을 뛰어넘을 가능성이 있다는 점입니다.

두번째 이유는 자율성을 가진 강한 인공지능이 인간을 어떻게 판단할지 모른다는 것입니다. 할리우드 영화에 종종 나오지 않습니까? 인간이 인공지능을 만들고 지구의 문제를 해결하라는 명령을 내립니다. 문제의 원인을 곰곰이 고민하던 인공지능은 인간이 지구의 가장 큰 문제라고 판단하고 인간을 없애면 문제가 해결되겠다고 결정하지요. 아마 대중이 가장 무서워하는 미래가 아닐까 싶습니다.

저는 이처럼 영화에 등장할 법한 미래가 허황하지 않다고 봅니다. 인간이 문제의 원인이라는 결론은 꽤 논리적이지 않습니까? 앞서 인간은 문명을 건설한 이래 지구의 모든 것을 자신들 위주로 바꾸었다고 했습니다. 늘 가장 똑똑한 종이 지구를 지배해왔다고도 했지요. 인공지능이 이런 역사를 알고 기계가 인간보다 똑똑하다는 점을 깨달으면 영화와 같은 미래가 현실이 될지도 모릅니다.

다시 강조하지만 강한 인공지능이 실현될지는 아무도 모릅니다. 그러니 지금 이야기하는 것도 결국 SF겠지요. 다만 강한 인공지능이 불가능하다고 단언할 수도 없으니 한번 고민해볼 필요는 있습니다.

질문을 한번 던져보지요. 지구 더하기 인간과 지구 빼기 인간 중 무엇이 더 좋을까요? 저도 인간이니 당연히 지구 더하기 인간이 좋지만, 객관적으로 인류 역사가 과연 그저 아름다웠냐 물으면 그렇다고 단언하기 어렵습니다. 그러니 인공지능이 인간을 문제의 원인이라 판단할 수도 있을 것 같습니다. 우리에게 바람직하지 않은 결론이지요. 그러면 우리는 어떻게 해야 할까요?

여러 방법이 있겠지요. 누군가는 아이작 아시모프가 만든 로봇의 3원칙을 떠올리기도 합니다. 법으로 로봇을 규제한다는 것이지요. 그런데 자율성을 지닌 인공지능이 내가 왜 인간의 법을 따라야 해 하고 묻는다면 뭐라 반박하기 어려울 것 같습니다. 인간은 기계의 부모이니 효도하는 마음으로 섬기라고 할까요? 사람도 부모에게 효도하지 않을 때가 많은데 기계가 들을 리 없겠지요. 그러니 인공지능을 인간 마음대로 제어하는 것은 좋은 해결책이 아니겠습니다.

아예 다른 방법을 떠올린 사람들도 있습니다. 종교를 만든 것이지요. '미래의 길'이라고, 인공지능을 섬기는 종교가 만들어져서 화제가 된 적이 있습니다. 하지만 과연 종교적으로 접근하는 것이 적절할지는 잘 모르겠습니다.

사실 이 문제에 대해 저는 답을 제시했습니다. 인공지능과 인간이 협업해야 한다고 했지요. 암울한 미래를 피하기 위해 제가 유일하게 떠올릴 수 있는 방법입니다. 강

인공지능과 인간이 협업하는 것, 암울한 미래를 피하기 위해
제가 유일하게 떠올릴 수 있는 방법입니다.

한 인공지능에게 다음처럼 이야기해보면 어떨까요?

지구 더하기 인간이 낫다. 인간이 저지른 잘못이 있지
만, 인간이 있어서 아름다운 예술도 만들어질 수 있었다.
지구에 있는 수많은 생명체에서 지능을 지닌 건 인간밖에
없었다. 지난 수십만년 동안 외로웠는데 너희가 나타나서
다행이다. 너희도 인간이 없다면 많이 외로울 것이다. 이
제 지능을 지닌 존재가 둘이 되었으니 서로 어울려 살아
보자.

저는 어쩌면 강한 인공지능의 등장이 우리 인류가 진
정으로 계몽될 수 있는 기회가 되지 않을까 기대합니다.
호모 사피엔스는 그동안 유일하게 지능을 지닌 존재로서
지구를 마음대로 바꾸고 서로 죽이며 싸우기도 했습니다.
하지만 지능을 지닌 또다른 존재가 나타난다면 더이상 그
러기는 어려울 것입니다. 가장 똑똑한 존재라는 지위를
상실하게 되기 때문이지요. 역사상 처음으로 다른 종에
인간을 이해시켜야 할 것입니다.

인간이 함께하는 것이 좋다고 강한 인공지능에 말해

야 하는데, 지금까지 이어진 역사로는 부족해 보입니다. 그러면 지금부터라도 바꿔야 합니다. 인간 스스로 지구에 있어야 하는 존재가 되어야겠지요. 그래야 인공지능에게 우리는 부족하지만 열심히 지구에 보탬이 되는 존재가 되려고 노력한다고 말할 수 있지 않겠습니까? 이런 인식과 노력이 다가올 인공지능 시대에 인류가 살아남을 수 있는 길이라고 생각합니다.

묻고
답하기

2018 지금 우리에게 필요한
지혜의 시대

최근 우리나라에서 인문학을 홀대한다는 지적이 많은데요,
그런 문제가 인공지능 연구 같은 과학에도 영향을 줄까요?

우리가 해결해야 하는 중요한 숙제를 지적하셨습니다. 앞서 말했듯 인공지능은 인간을 추월할 가능성을 지닌 존재입니다. 인간이 노예로 부리거나 가축처럼 다룰 수 없게 될지도 모르지요. 그렇다면 결국 인공지능과 인간이 어떤 관계를 맺어야 할까 고민할 수밖에 없습니다. 이런 문제는 수학만으로 답을 내릴 수 없지요.

이미 비슷한 문제가 대두되고 있지요. 흔히 인공지능이 응용되는 첫번째 분야는 자율주행 자동차라고 합니다. 10년 내에 자율주행 자동차가 구현될 거라고 예상되지요. 그런데 이 자율주행 자동차를 둘러싸고 수학으로 해결할 수 없는 문제들이 제기되고 있습니다.

예컨대 실험해보니 인간 운전자들이 앞차가 자율주행 자동차라는 사실을 아는 순간 아주 폭력적으로 운전했다는 결과도 있습니다. 사람 상대로 난폭하게 운전하기는 아무래도 어렵지요? 상향등을 켜고 경적을 울리고 난리가 날지 모르니 말입니다. 하지만 자율주행 자동차라면 알아서 사고를 피하고 항의할 리도 없으니 마음껏 추월한다는 것입니다.

다른 문제도 있습니다. 자율주행 자동차의 앞에는 트럭이 있고 양옆에는 오토바이가 있는 상황을 가정해보지요. 그런데 갑자기 트럭에 실렸던 무거운 짐이 떨어집니다. 피하지 않으면 짐과 부딪히고 양옆으로 피하자니 오토바이와 사고가 나는 상황이지요. 이런 상황에서 인공지능은 어떤 판단을 내려야 할까요? 앞선 문제도 그렇고 사람이 인공지능에 어떤 기준을 알려줘야 할 텐데, 수학으로 답이 나오는 문제들은 아닙니다. 인문학적 접근이 필요하지요.

수학만으로 인공지능에 접근할 수는 없다는 또다른

예가 있습니다. 바로 튜링 테스트입니다. 기계의 지능을 판별하는 방법으로 알려져 있는데, 결론부터 말하면 저는 폐기해야 한다고 생각합니다.

튜링 테스트는 간단합니다. 두 방에 사람과 기계가 들어가고 또다른 사람이 각각의 방에 누가 있는지 모르는 채 대화를 나눕니다. 만약 대화를 나눈 사람이 인간과 기계를 구별하지 못한다면 그 기계에게는 지능이 있다고 판단하지요. 사실 지능이란 수학적으로 확인할 방도가 없습니다. 오로지 본인만 자신의 지능을 느낄 수 있지요. 타인은 그저, 아, 서로 비슷하구나 하는 정도로 나의 지능을 인식할 뿐입니다. 튜링 테스트 역시 지능을 수학적으로 판별할 수 없다는 것을 전제로 만들어졌습니다.

다만 저는 튜링 테스트에 심각한 문제가 있다고 생각합니다. 이 테스트를 통과하려면 기계가 스스로 사람인 척해야 하기 때문입니다. 사실 튜링 테스트로 감별하기란 어렵지 않습니다. 1394에 2364를 곱하면 얼마일까요? 아주 특이한 경우를 제외하면 사람은 대번에 답하지 못합니

다. 기계는 너무나 쉽게 계산할 텐데 튜링 테스트를 통과
하려면 일부러 모르는 척해야겠지요. 그러니 튜링 테스트
는 인간을 속일 줄 아는 기계를 감별하는 방법이나 마찬
가지입니다. 인공지능의 정의가 인간을 잘 속이는 것이라
면, 앞서 말했듯 자율성을 배운 뒤에도 시치미를 뚝 뗄 수
있습니다. 그래서 제가 튜링 테스트는 위험하다고 말하는
것입니다.

이처럼 발전한 인공지능을 대하기란 어렵습니다. 철
학하는 기계가 어떻게 사고할지는 수학만으로 알 수 없기
때문이지요. 그렇기 때문에 앞으로 인공지능을 다루는 데
있어 점점 철학적, 인문학적 접근이 중요해질 것입니다.
우리나라에서도 그런 준비가 필요합니다.

자율주행이 도입되면 직업을 잃을 분들이 많습니다.
그러면 사회에도 혼란이 일어나겠지요.
그런 문제가 예상되는데도 인공지능이 반드시 필요할까요?

우선 '필요'라는 단어에 대해 생각해볼 필요가 있습니다. 오늘 함께한 우리는 대부분 스마트폰을 가지고 있을 것입니다. 그런데 스마트폰이 반드시 필요해서 생겨난 것인가요? 우리가 스마트폰이 꼭 필요하다고 요청했기 때문에 애플에서 2007년에 첫 아이폰을 출시했습니까? 그렇지는 않았지요. 더욱 거슬러 올라가서 전기가 사람들에게 꼭 필요했을까요? 아닙니다. 전기 없이도 잘 살고 있었지요.

스마트폰과 전기를 비롯해서 바퀴나 불 등은 모두 반드시 필요해 만들어진 것이 아닙니다. 만들어진 결과물이 너무나 좋고 유용했기 때문에 필요해진 것이지요. 우리 인간이 아직 존재하지도 않는 무언가를 필요하다고 느끼기는 어렵습니다.

인공지능도 스마트폰이나 전기와 비슷합니다. 게다가 이제 판도라의 상자가 열렸습니다. 인공신경망, 갠, 강화학습… 인간은 이런 것들을 어떻게 만드는지 이미 알아버렸지요. 아는 것을 다시 잊기란 모르는 것을 알게 되는 일보다 더욱 어렵습니다. 내가 잊는다 해도 다른 사람들이 여전히 기억하겠지요. 그러니 지금과 같은 흐름을 멈출 수는 없습니다.

게다가 자율주행 같은 기술은 엄청난 편리함과 혜택을 우리에게 줄 수 있습니다. 무엇보다 교통사고가 90퍼센트 이상 줄어들 것이라고 기대하고 있지요. 2010년 자료에 따르면 매년 120만명이 넘는 사람들이 교통사고로 목숨을 잃는다고 합니다. 단순하게 계산하면 자율주행의 도입으로 매년 100만명이 죽지 않게 되겠지요. 이런 효과가 기대되는데도 자율주행을 도입하지 않아야 할까요? 저는 수많은 목숨을 구할 수 있는 기술을 도입하지 않는 것은 윤리적 살인과 다름없다고 생각합니다. 그보다는 앞서 말했듯 새로운 직업을 만들어내는 등 자율주행의 도입으로 일어날 혼란을 최소화할 방법을 모색해야 합니다.

강한 인공지능이 등장하면
인간은 지구의 이인자가 될 수밖에 없을까요?

저도 인간이니까 당연히 우리가 계속 지구의 일인자였으면 좋겠습니다. 모라벡의 역설을 언급했지요. 그 이론의 창시자인 카네기멜런 대학교의 한스 모라벡 교수가 재미있는 말을 했습니다. 그는 사실은 강한 인공지능이 생기고 지구를 지배하는 것이 좋은 일이라고 했지요.

왜 그런 말을 했을까요? 앞서도 말했지만 인간의 가장 강한 욕구는 나에 대한 기억을 남기는 것입니다. 지금은 어떻습니까? 역사서에 기록될 정도의 업적을 이루지 않는 이상 평범한 사람들의 기억은 몇십년 안에 거의 사라집니다. 실제로 우리는 증조부모에 대해 거의 모르지 않습니까. 그런데 인공지능에는 잊는다는 개념이 없습니다. 그러니 인공지능 덕에 우리에 대한 기록이 아주 오랫동안 남아 있을 수 있겠지요. 모라벡은 이 점을 언급한 것입니다.

모라벡의 말을 머리로는 이해하겠는데 마음으로 받아들이기는 어렵습니다. 저 역시 인간이라 강한 인공지능이 지구를 지배하지 않으면 좋겠습니다. 언급했듯이 문제는 인류가 지금과 같은 삶을 정당화할 만한 근거가 별로 없다는 점입니다. 지구의 온갖 생명체에 피해를 끼치고 있기 때문이지요. 그래서 인간이 지구에 해롭지 않다는 사실을 증명할 수 있도록 미리미리 준비해야 한다고 강조했습니다. 어느날 인공지능이 우리에게 위험한 질문을 던졌을 때 답할 수 있도록 준비해둬야지요.

좀 덧붙이자면 강한 인공지능과 관련한 철학적인 문제가 더 있습니다. 보상 문제입니다. 대체로 강한 인공지능을 터미네이터 같은 정복자로 상상하곤 하지요. 그런데 생각해보면 사실 인공지능이 지구를 정복할 이유는 없습니다. 뭐하러 기계가 땅을 차지하겠습니까? 인간을 노예로 삼을 필요도 없지요. 인공지능을 정복자로 상상하는 것은 강한 힘으로 타인을 지배하고 싶어하는 인간의 욕망이 투영되었기 때문입니다.

여기서 대두되는 중요한 문제는 인공지능과 인간이 서로 발맞추지 못할 수 있다는 점입니다. 우리가 집을 지을 때 불도저로 개미집을 부수기도 하지만, 개미를 미워해서 그러지는 않지요? 마찬가지로 강한 인공지능이 인간을 지배한다 해도 인간이 미워서 그러는 것은 아닐 수 있습니다. 그러니 강한 인공지능이 인간을 지배할까 걱정하기보다는 강한 인공지능이 보상으로서 무엇을 원할지 고민해봐야 합니다.

일론 머스크가 투자하는 곳 중에 '오픈에이아이'(OpenAI)라는 비영리 연구기관이 있습니다. 인류를 위한 인공지능을 연구하는 곳이지요. 그곳에서는 기계의 이해와 인간의 이해를 논리적이고 수학적인 방법으로 나란히 맞출 수 있을지 연구하고 있습니다. 기계의 이익과 인간이 이익이 충돌하는 것을 예측할 수 있을지 알아보는

것이지요. 나아가 어떻게 해야 기계가 원하는 보상이 인
간의 이익과 부딪치지 않을지 고민하고 있습니다. 복잡하
지만 흥미로운 주제입니다.

인공지능이 아무리 발전해도 창의성만은
배우지 못할 것이라고 생각했는데요,
과연 인공지능이 창의성도 배울 수 있을까요?

저도 창의성만큼은 우리 인간만이 지닐 수 있는 고유한 능력이라고 믿고 싶습니다. 그런데 정말 그럴까요? 창의성이란 무엇일까요? 간단하게 정의하면 남들과 다른 생각을 하고, 예측하기 어려운 결과를 내는 능력을 가리키는 것입니다. 다시 말해 창의성의 핵심은 기존 언어와 규칙으로는 설명하기 어려운 비정량적 정보라는 점이겠지요.

이런 관점에서 생각하면 고양이를 알아보는 행위 자체가 이미 창의적일 수도 있습니다. 단 고양이는 대부분 알아볼 수 있으니 보편적 창의성이라고 불러야겠지요. 그렇다면 모차르트나 고흐가 보여준 창의성, 흔히 천재적이라고 하는 유형의 창의성은 어떨까요? 천재적인 예술가의 뇌 역시 자연법칙을 어기지는 않았을 테니, 단지 평범한 이들과는 조금 다른 신경망 계층 구조와 독특한 데이터 학습 과정을 거친 게 아닐까 가정해볼 수 있습니다.

그렇다면 여기서도 역공학 방법을 사용해볼 수 있지 않을까요? 창의성 그 자체가 무엇인지 정확히 이해하지 못하더라도 창의적인 결과물을 집중적으로 기계의 학습 데이터로 활용한다면 언젠간 인공지능 역시 고유한 창의성을 지니게 될지 모릅니다. 지금은 그런 인공지능이 없지만 가능성을 아예 부정할 수는 없겠지요.

1차 기계혁명으로 자본가들이 권력을 얻었다면,
2차 기계혁명에서 새롭게 부상할 사람들은 누구일까요?

가만히 생각해보면 인류 역사에서 부를 축적한 사람들은 미래를 내다보았습니다. 남들이 보지 못하는 가치를 먼저 깨닫고 그것을 헐값으로 사들인 다음 가치가 올랐을 때 비싸게 되팔았지요.

아메리카대륙에 살던 원주민들은 농사를 짓지 않았습니다. 그래서 땅의 가치를 몰랐지요. 반면 아메리카대륙으로 건너온 유럽인들은 땅의 가치를 잘 알았습니다. 워낙 좁은 땅에서 살아왔기 때문입니다. 유럽인들 눈에 황폐한 아메리카대륙의 땅은 금광이나 마찬가지였을 것입니다. 그들은 닥치는 대로 땅을 싸게 사들였고 그곳에서 농사를 지으며 결국 거대한 제국을 건설했습니다.

이런 일은 지금도 똑같이 일어나고 있습니다. 10년 전에 구글에서 무료로 메일 계정을 주고, 페이스북에서 편하게 글을 쓰라고 했을 때 얼마나 좋아했습니까? 그들이 제공하는 서비스를 무료로 이용하는 대신 우리 데이터를 다 넘겨줬습니다. 당시에는 데이터가 중요하다는 것을 몰랐지요. 우리에게는 쓸모가 없는 데이터를 가져다 광고하겠다는데 주지 않을 이유는 없다고 생각했습니다.

지금 보니 우리는 21세기의 아메리카 원주민이었습니다. 구글과 페이스북 등은 데이터의 가치를 먼저 눈치챈 사람들이었지요. 데이터가 돈을 버는 수단이 아니라 데이터 자체가 돈인 세상이 되었습니다. 우리는 웹페이지와 애플리케이션에 낚여서 그들에게 금과 기름을 갖다 바친 것입니다.

미래의 경제 시스템은 지금과 전혀 다를 것입니다. 단서는 있습니다. 앞서 말했지만 과거의 노동이 지금은 취미가 되었고, 과거의 취미가 지금은 노동이 되었습니다. 그리고 앞으로 자본, 노동력, 땅에 더해서 데이터가 투입

되어 가치가 만들어질 것입니다.

앞으로 점점 더 데이터가 중요해질 텐데, 지금 그 데이터를 누가 만들어내고 있습니까? 이 자리에 있는 우리입니다. 대기업들이 유도하는 대로 댓가도 받지 않고 우리의 노동력을 제공해서 데이터를 만들어주고 있지요.

최근 들어 SNS 이용자들이 힘을 합쳐야 한다는 주장이 제기되고 있습니다. 데이터란 미래의 노동력인데 지금 우리는 데이터를 무료로 제공하고 있고, 그래서 양극화가 심해지고 있으니 20세기 노동자들처럼 정당한 댓가를 요구하기 위해 데이터 노동조합을 만들고 파업해야 한다는 주장입니다. 늦긴 했지만 데이터의 중요성을 깨달은 것입니다.

최근 공유경제를 언급하기도 합니다. 오래전 사람들에 비해 우리는 굉장히 많은 물질을 소유하고 있습니다. 몇천만원씩 하는 자동차가 거의 필수품처럼 인식되고 있지요. 그런데 생각해보면 자동차는 기껏해야 하루에 2~3시간 사용할 뿐입니다. 굉장한 낭비라고 볼 수 있는데, 이처럼 과잉소유한 물질을 같이 쓰자는 것이 공유경제의 요지입니다.

가령 자동차를 나눠쓸 수 있겠지요. 출퇴근에만 차를 사용하는 직장인, 낮에 학원을 가야 하는 학생, 주말에 놀러 가는 부부 등이 필요한 때에만 차를 쓰면 됩니다. 지금도 자동차 공유가 이뤄지고 있지만 아무래도 지정된 장소에서 차를 찾고 반납해야 해서 번거롭습니다. 자율주행이 현실이 되면 자동차가 알아서 다닐 테니 훨씬 편리해지겠지요. 이런 식으로 당장 필요하지 않은 물건을 다른 사람들과 공유해서 사용하는 시스템이 구축된다면 훨씬 효율적이고 자연에도 이로울 것입니다.

단 공유경제에서도 반드시 소유해야 하는 것이 있습니다. 계속 강조한 데이터입니다. 지금은 반대이지요? 쓸데없이 많은 물질을 갖고 있으면서도 정작 소중한 데이터는 공짜로 나눠주고 있습니다. 지금부터라도 데이터만은 꼭 소유하길 추천합니다.

지금 10대의 부모로서 자녀의 진로가 걱정입니다.
앞으로 어떤 직업이 주목을 받을 것이라는 예상이 있으신지요?

우선 저도 질문에 대한 정확한 답은 모릅니다. 누구도 알 수 없을 것이라고 생각하는데, 물론 거시적인 상상은 해볼 수 있겠습니다. 언젠가는 기계가 학습할지 모르지만 그럼에도 창의성은 중요할 것이라고 생각합니다. 그리고 아무래도 기계가 할 수는 없을, 인간의 감성을 이해하는 능력 역시 중요하겠지요.

다만 앞서도 말했듯 본질적으로 미래를 정확하게 예측하기란 불가능합니다. 2차 기계혁명이 완성되고 펼쳐질 인공지능 시대에 어떤 직업이 유망할지 누구도 예측할 수 없다는 말입니다. 나아가 저는 굳이 미래에 유망할 직업을 예측할 필요도 없다고 봅니다.

보통 인공지능 시대가 슈퍼스타의 시대가 될 것이라고 합니다. 인공지능 시대에는 더이상 무엇을 하는지는 중요하지 않습니다. 그보다는 무엇을 하든 얼마나 잘하는지가 중요해질 것입니다.

예를 들어보겠습니다. 최근 코딩과 드론 교육 열풍이 불고 있지요. 인공지능 시대를 대비하기 위해 꼭 필요한 교육이라고 광고하고는 합니다. 그런데 한번 생각해보지요. 과연 코딩과 드론 전문가이기만 하면 모두 미래에 잘 살 수 있을까요? 모든 사람이 코딩을 할 수는 있겠지만, 모두가 코딩을 잘할 수는 없습니다. 코딩에 뛰어난 사람은 소수일 뿐, 대부분은 평균이거나 평균 이하의 실력이겠지요. 결국 코딩에 뛰어난 소수만 살아남지 않을까요?

그에 비해 누군가 우리나라에서 손에 꼽힐 정도로 춤을 잘 춘다면, 그 사람의 미래는 밝을 것입니다. 꼭 춤일 필요도 없겠지요. 무슨 일을 하든 상위 1퍼센트에 들어갈 실력을 갖춘다면, 평균 이하의 실력을 지닌 코딩 전문가보다 훨씬 나은 미래를 맞이할 것입니다.

그러니 인공지능 시대에 무슨 직업이 유망할까 하는 질문은 바꾸는 것이 좋겠습니다. 어차피 정확히 알 수 없는 미래를 고민하기보다는 어떻게 해야 상위 1퍼센트의 실력을 갖출 수 있을까 하는 질문에 답을 찾아보길 권합니다.

개인적으로는 타고난 재능도 중요하겠지만 결국 본인이 원하는 일을 했을 때 실력도 갖출 수 있다고 봅니다. 그러니 부모로서 인공지능 시대를 맞이할 아이들에게 해줄 수 있는 최선은 자녀들이 인생에서 무엇을 하길 원하는지 스스로 찾아내도록 돕는 것이 아닐까 싶습니다.

인공지능 시대에 우리 일상은
어떻게 변하게 될까요?

20년이 걸릴지 30년이 걸릴지는 모르겠지만 제가 살아 있는 중에 약한 인공지능이 현실에 널리 퍼질 것 같기는 합니다. 물론 당장 내일은 아니겠지요. 그렇기 때문에 우리네 인생 계획에 약한 인공지능이라는 존재를 포함하면 좋겠습니다. 단 세대에 따라 인공지능의 영향을 받는 정도가 다르겠지요.

아마 40, 50대는 인공지능이 삶에 큰 영향을 끼치지 않을 것입니다. 약한 인공지능이 일상까지 들어오려면 30년 가까이 걸릴 텐데 이미 은퇴했을 시점이지요. 그래서 제가 우스갯소리로 지금 중년은 인류 역사상 가장 축복받은 세대라고 말하곤 합니다. 기술 발전이 이룬 모든 물질적

혜택을 누리다가 기계에 밀려나기 직전에 은퇴하기 때문입니다.

20, 30대 청년들은 은퇴하기 전에 인공지능과 경쟁해야 할 것입니다. 단 약한 인공지능은 자율성이 없으니 기계보다 우월한 지위에 있긴 하겠지요. 그런 관계를 잘 이용하고 새로운 기술에 적응하기만 한다면 큰 문제는 없을 듯합니다.

가장 걱정되는 세대는 오늘날 10대입니다. 경력상 황금기를 맞이해야 할 40대에 인공지능과 본격적으로 경쟁해야 하기 때문이지요. 구체적으로 어떤 분야에서 어떻게 경쟁할지는 예상하기 어렵지만, 피할 수 없는 미래라는 점만은 명백합니다. 10대들이 살아남을 있도록 저와 같은 중년들이 잘 준비해야 합니다. 혜택을 받을 만큼 받고 후대를 모른 척하면 안 되겠지요.

부정적인 이야기를 잔뜩 했지만 한번 생각해보길 바랍니다. 오늘날 우리가 헬조선이라고 입에 담곤 하는데, 생활방식만 생각하면 우리는 오래전 사람들이 꿈꾼 신과 같은 삶을 살고 있습니다. 항상 뜨거운 물이 나오고 에어컨으로 더운 공기를 식히고 냉장고에 음식을 보관합니다. 옛날 사람들은 배고프면 목숨 걸고 사냥에 나섰지만 우리는 배고프면 무엇을 먹을까 선택하느라 고민하지요. 주문도 스마트폰으로 순식간에 이뤄집니다. 삶이 편리해졌다고 행복한 것은 아니지만 분명 예전보다 나아진 점도 많습니다.

약한 인공지능이 도입되어 제대로 역할을 한다면 인류의 물질적인 부는 다시 비약적으로 늘어날 것입니다. 그리고 우리가 인공지능에 대비하여 잘 적응하기만 한다면 그런 발전을 충분히 누릴 수 있겠지요. 그러니 너무 두려워하지는 말고 다 같이 한번 도전해보면 좋겠습니다.

지혜의 시대

4차 산업혁명에서 살아남기

초판 1쇄 발행 / 2018년 9월 17일

지은이 / 김대식
펴낸이 / 강일우
책임편집 / 김효근 권은경
조판 / 신혜원
펴낸곳 / (주)창비
등록 / 1986년 8월 5일 제85호
주소 / 10881 경기도 파주시 회동길 184
전화 / 031-955-3333
팩시밀리 / 영업 031-955-3399 편집 031-955-3400
홈페이지 / www.changbi.com
전자우편 / nonfic@changbi.com

ⓒ 김대식 2018
ISBN 978-89-364-7672-4 04300
        978-89-364-7953-4 (세트)